叶永烈人物纪实特辑

铁骨傅雷

叶永烈 著

文匯出版社

图书在版编目（CIP）数据

铁骨傅雷／叶永烈著. —上海：文汇出版社，2010.9

ISBN 978-7-5496-0002-1

Ⅰ.①铁… Ⅱ.②叶… Ⅲ.①傅雷（1906～1966）－传记 Ⅳ.①K825.6

中国版本图书馆CIP数据核字（2010）第170472号

铁 骨 傅 雷

出 版 人／桂国强
策　　划／谢志鸿

作　　者／叶永烈
责任编辑／乐渭琦　周小诠
特约编辑／刘佳音　王洁琼
装帧设计／山石

出版发行／文汇出版社
上海市威海路755号
（邮政编码200041）
经　　销／新华书店
印刷装订／上海市印刷二厂有限公司
版　　次／2010年9月第1版
印　　次／2010年9月第1次印刷
开　　本／720×960　1／16
字　　数／220千
印　　张／16.5

书　　号／ISBN 978-7-5496-0002-1
定　　价／28.00元

目录

序章 『生年不满百，常怀千岁忧』

傅雷在自己设计的字典架上查阅资料（1961年）

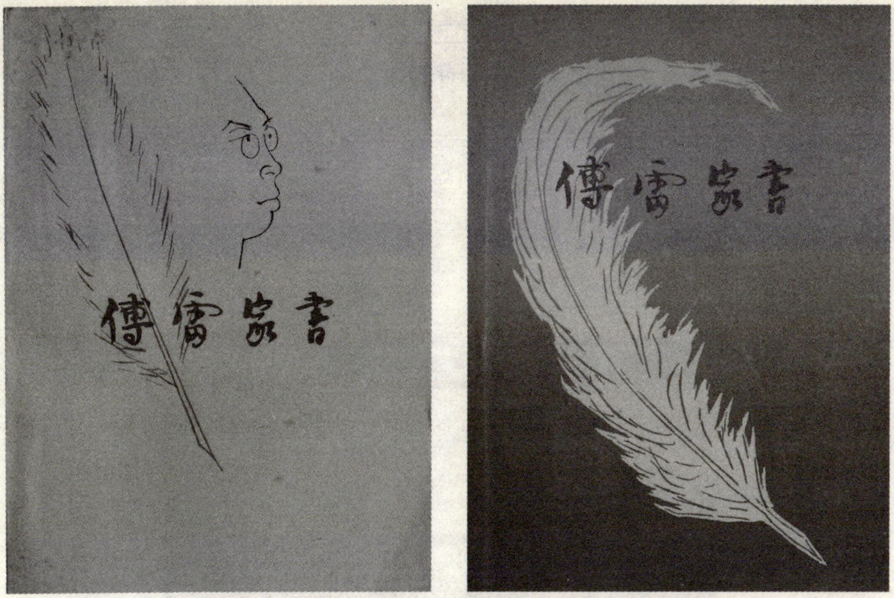

三联书店出版的第一版、第二版《傅雷家书》封面（庞薰琹设计）。

一本父亲写给儿子的家书集，成了中国的畅销书，一版再版，印行了一百多万册。

这本书的封面，出自名家之手：蓝色的封面上，画了一支洁白的羽毛笔。

蓝色象征海洋，表示家书穿洋渡海；白色表示不俗，象征作者高洁的品格。

羽毛笔的含义是双重的，一是象征翻译家——因为作者是中国著名翻译家，所译的大都是十八、十九世纪法国文学作品，当时法国作家是用羽毛笔写作的；二是象征家书——鸡毛信。

哦，那支羽毛笔，仿佛飘飘欲飞，在蓝色的大海上空飞翔、飞翔……

这本家书集，就是《傅雷家书》。

封面的设计者是著名画家、曾经担任中国工艺美术学院院长的工艺美术家庞薰琹，傅雷的好友。

傅雷，他把毕生的时间，凝固在十五卷《傅雷译文集》中，共约五百万言。他把手中的笔，化为一座架在中法之间的文学桥梁，这座文学桥梁，永存于人世。

至于《傅雷家书》，却是傅雷生前连做梦都没有想到会出版的书。然而，如今傅雷最广为人知的著作，是《傅雷家书》。《傅雷家书》的影响，甚至超过了傅雷的译著。

为什么一本家书集，会产生如此巨大的影响？

生于艰难，死于危世。傅雷的一生，历处逆境。他的这些家书，在写作时只是与儿子作纸上倾谈，无拘无束，心里怎么想的，笔下就怎么写。它是傅雷思想的真实流露，呈现在读者面前的是一颗纯真的心灵。《傅雷家书》的巨大魅力，正是在于傅雷高尚的人格力量。

傅聪在上海中山公园（1953年深秋）

“生年不满百，常怀千岁忧。”可以说是傅雷品格的生动写照。他非常喜欢这两句诗。

这是《全汉三国两晋南北朝诗》中无名氏的诗，原作全文是：

生年不满百，
常怀千岁忧。
昼短苦夜长，
何不秉烛游。

原意是说，人的生命不满百岁，可是常常为身后的事忧愁不已。既然人生短暂，又昼短夜长，何不持烛夜游，及时行乐呢？原诗的意思是消极的、颓废的。

但是，傅雷先生截取了前两句，含义就大不相同。1963年7月22日，他在给傅聪的信中写道：“生年不满百，常怀千岁忧：此二语可为你我写照。”

1985年5月27日，我在上海采访傅聪时，他说，他的父亲傅雷最喜欢这两句诗，作为座右铭。他的父亲的特点就是“生年不满百，常怀千岁忧”。

傅雷之子傅聪

傅聪说，父亲总是忧国忧民，为整个人类的命运担忧。他是一个想得很多、想得很远、想得很深的人，是一个内心世界非常丰富的人。

傅聪记得，在1948年，印度民族运动的领袖甘地被极右派刺死，消息传来，父亲傅雷悲愤交集，三天吃不好饭……正因为父亲傅雷“常怀千岁忧”，所以他的心灵常受煎熬，常处于痛苦之中。

傅聪还对我说，他的父亲是“五四”一代中国典型的知识分子。知识分子，不应当只是理解为“有知识的人”，亦即英文中的Intellectual。知识分子应当是Instruction，即有思想的人。知识分子是社会进步的先锋队。也正因为这样，许多进步的知识分子在历史上总是命运坎坷，如伽利略、哥白尼等等。他们总是保持自己独立的见解，不做“顺民”。

《傅雷家书》，也可以说是一本忧国之书，忧民之书。尽管傅雷受极左路线迫害，不得不终日蜗居，与世隔绝，但是他的心胸是博大无涯的，紧紧地与国家的命运、人民的哀乐相连。

傅聪说，透过父亲写给他的那么多家书，足以看出父亲是一个非常热情的人，充满父爱的人。《家书》谈的是做人的原则、艺术的修养。父亲既热情，又细致，细小到衣、食、住、行都要管，什么都替你想到了。傅聪坦率地说，有优点必然有缺点，他以为父亲过于严格、慎微。他大笑道，幸亏他一半像父亲，另一半像母亲，他从母亲那里继承了宽容、乐天的品格。

傅雷与傅聪在上海家里钢琴旁练琴谈艺（1956年）

我曾说，我作为上海作家，向来很忌讳写上海作家。傅雷与戴厚英是两个例外。傅雷与戴厚英都是命运乖戾、受尽“左”的压迫而死于非命的上海作家。我多次采访戴厚英本人，为戴厚英写下了纪实长篇《非命》。

我关注傅雷，最初是从关注傅聪开始的。

喜欢音乐的我，很早就注意到中国音乐界的“两聪”——马思聪和傅聪。这两“聪”都曾有过“叛国分子”的可怕名声。我为内心痛楚、客死美国的马思聪先生写下了纪实长篇《风雨琴声——马思聪传》。

朱梅馥于1961年秋

1979年4月，傅聪从英国回到阔别已久的祖国，回到阔别已久的故乡上海，出席父亲傅雷平反昭雪的追悼会和骨灰安放仪式。这时，傅雷的冤案已经平反，可是笼罩在傅聪头上的“叛国者”阴影并未散去。关于傅聪的报导，在当时是严加控制的。就连傅聪的报道不能超过多少字，必须安排在第几版，都有严格的规定。我当时从《中国青年报》的一份内参上，看到详细的傅聪的动向报导，傅聪又爱国、又“叛国”的曲折经历，引起我的关注。

我对傅聪有了些了解之后，我发觉他和他父亲傅雷都有一颗火热的爱国之心。尽管当时无法发表关于傅聪的报告文学，我还是以他为模特儿写成一万五千字的小说《爱国的“叛国者”》，在1980年发表于《福建文学》杂志。

我采访了傅聪，又采访了傅敏。我的视线转向他们的父亲傅雷。我采访的范围逐步扩大，内中包括傅雷夫人的哥哥朱人秀、傅雷的老保姆周菊娣、梅月英（荷娣），傅雷夫人的侄女朱佛容；傅雷的许多好友：著名作家柯灵、楼适夷，数学家雷垣教授，翻译家周煦良教授，声学家林俊卿教授，音乐家丁善德教授，小提琴家毛楚恩教授，翻译家严大椿教授，法学家裘劭恒教授，傅雷干女儿、钢琴家牛恩德博士；傅聪的好友：中央音乐学院院长吴祖强，中央音乐学院周广仁教授，钢琴家史大正，上海音乐学院吴乐懿教授，上海音乐学院李民铎教授……

傅聪与父母在杭州（1956年9月）

1983年9月，文化部外事局俞慧钧女士给我很大帮助，给我看了中共中央总书记胡耀邦对傅聪问题的批示的影印件以及有关文件。

我的采访逐步深入：

“挖”出了那位冒死保存傅雷夫妇骨灰、感人至深的江小燕；

在上海市长宁区公安局查到傅雷死亡档案，采访了有关公安人员，首次揭开傅雷之死的真相。

在广泛采访的基础上，我写出关于傅雷、傅聪、傅敏的三篇报告文学，写出了《傅雷一家》一书，于1986年9月由天津人民出版社出版。

此后，1993年作家出版社出版七卷本《叶永烈自选集》，选入《傅雷与傅聪》一书。

楼适夷先生在给我的信中，曾经建议我写长篇《傅雷传》。我原本也准备写，所以对傅雷亲友作了广泛的采访。然而，后来我忙于“红色三部曲”、《“四人帮”兴亡》、《反右派始末》等一系列重大政治题材的长篇纪实文学的创作，也就把《傅雷传》的写作搁下来了。

随着生活节奏的加快，“读图时代”到来了。读者喜爱图文并茂或者以图为主的书。我在完成了《江青画传》一书，接着完成了这本《傅雷画传》。

画传，是人物传记中的新品种。通常的人物传记是以文字为主，厚厚的几十万字，在书前插几幅照片；通常的人物画册以图片为主，图片多达几百幅，每幅图片配以一、两行说明词。前者内容丰富，但是文字太多，要花很多时间阅读；后者图片虽多，但是内容显得单薄。画传则介乎两者之间，既有相当深度的内容，又有形象丰富的图片。可以说，画传的特色就是图文并茂。

傅雷是中国知识分子的不屈的代表，也是多灾多难的中国知识分子的缩影。这本《傅雷画传》，浓缩了傅雷这样一代中国知识分子遭受的“左”的苦难以及坚强的抗争，歌颂了他们的正直、勤奋以及浓浓的亲情。

在本书出版之际，感谢傅雷之子傅敏先生提供许多珍贵图片并非常仔细审阅全书，写出长达十五页的审稿意见，使本书许多史实上的出入得以逐一改正。

第一章 无笑童年

童年傅雷

傅雷老家在上海南汇

黄浦江穿越上海，依然在静静流淌。

黄浦江西岸，外滩那些建造于十九世纪末、二十世纪初的西式大楼，仍旧保持“万国建筑博览会”的风貌。然而，黄浦江东岸——浦东，却已经从一片农田，变成了高楼林立的“东方曼哈顿”。

1997年10月27日，我陪同傅雷次子傅敏前往傅雷老家——浦东南汇。轿车从浦西越过南浦大桥，沿着高速公路，才十几分钟，便进入南汇县境。同车的傅敏表姐朱佛容颇为感叹。她是傅雷夫人朱梅馥哥哥的女儿。朱家原本住南汇县城惠南镇。她小时候从南汇到上海，要坐脚划小船，吱唔吱唔划一天！至于傅敏则没有这种今昔“对比感”，因为他当年从上海去南汇的时候，出生才三个月，毫无印象。此后五十多年，他没有去过南汇老家……

上海南汇周浦傅家老宅

1908年4月7日(阴历三月初七)，傅雷出生于上海市南汇县周浦镇渔潭乡（今下沙乡王楼村五组）。傅雷从小在浦东长大，一开口，就是一口浓重的浦东口音的上海话——傅雷不像他的两个儿子那样能够操一口标准的普通话。

周浦镇是南汇县的大镇，十分繁华，往日有着“小上海”之称。

如今，在周浦镇老城厢，依旧有着窄窄长长的老街。从三米来宽的东大街六十号拐进一条一米宽的胡同，便见到傅雷故居。那房子大体上还是当年面目。走过一座带着飞檐的大门，里面是一个大院。堂屋和厢房的木门、木窗、板壁，都已经呈深褐色，表明这老屋上了年纪。傅雷和他的寡母，当年就住在厢房里。房子是租的。据说，这房子当时经常闹鬼，别人不敢住，傅雷的母亲不信这一套，租了下来。

傅雷长在周浦，生在下沙。下沙镇离周浦不远。在下沙镇的王楼村有个西傅家宅，大部分居民都姓傅。我们一行走过一大片黄橙橙的稻田，来到一条小河旁。一座有着三十六间房子的大院，坐落在河边。那就是傅雷的祖屋，傅雷的出生地。

上海南汇周浦傅家老宅（叶永烈摄）

傅雷的祖父傅炳清，有四、五百亩土地，在傅家宅算是“大户”了。傅炳清生二子，长子傅胜，次子傅鹏。

傅鹏，又名傅鹏飞[①]，即傅雷之父，任教于周浦镇扬洁小学。

1912年，傅雷四岁时，傅鹏飞因受土豪劣绅诬害入狱。

① 据傅敏说，这是上海傅雷纪念馆南汇博物馆筹备处王树华主任告诉他的，在傅雷家谱上查实的。

傅雷父亲——傅鹏飞、傅雷母亲——李欲振（1888–1933）

经夫人李欲振多方奔走，终于在三个月后出狱，却在极度的郁闷中去世，终年仅二十四岁！

当时，李欲振也只有二十四岁，不仅从此守寡一辈子，而且带着四个孩子——傅雷为长子，除了他之外，还有两弟一妹。在蒙受丧夫的重大打击之下，李欲振没有精力照料这群年幼的孩子，竟然在短短一年内，连死三个孩子，只剩长子傅雷！

傅雷一生不忘奶妈，家里人都叫她“婆婆”。傅雷生前，几乎年年接“婆婆”来住一段，这时全家一片欢笑。在傅聪傅敏的印象中，“婆婆”是一位勤劳、和蔼、善良的老人，是他们的保护神。七十年代中期傅敏曾在上海多方寻找，“婆婆”这时已年过八十。她见到

幼儿傅雷与奶妈。

傅雷母亲守寡后，督子甚严，望子成龙，傅雷四岁那年，即携子从闭塞落后的渔潭乡傅家宅，搬至十多里外较开化的、有“小上海”之称的周浦镇。这样既免去了族人的干扰，又为独子读书成才创造良好环境。这对傅雷的人生道路，事业成就，实属关键性的一步。

李欲振与四岁儿子周浦

傅敏，老泪纵横地说：“你跟你爸爸真像啊，可惜大团（傅雷的小名）不在了！”说着泣不成声。

傅雷曾经用“只见愁容，不闻笑声”八个字来形容自己的童年。童年的痛苦深深烙在傅雷的心中。大约是童年愁容太多，所以傅雷成年之后变成不苟言笑。在傅雷所有的照片中，他总是一脸严肃，脸带笑容的照片，不过一、二帧而已。

傅雷的母亲个子瘦小，平常穿短褂黑裙。她为人刚强，又乐于助人，所以她虽然在傅家的大家族中算是小辈，但是很有威信，傅家人都听她的话。接连失去丈夫和三个儿女，她把所有的希望都寄托在唯一的儿子傅雷身上。为了使傅雷受到良好的教育，她迁居“小上海”周浦。

起初，傅雷的母亲请账房陆先生教傅雷认字。

1915年，傅雷七岁，她便请来私塾先生斗南公教傅雷四书五经，自己在旁边一面做针线活，一面听着。她虽是文盲，但是晚上她要傅雷背课文，居然能够听出傅雷什么地方背错了！在寡母严教之下，傅雷小小年纪，把四书五经背得滚瓜烂熟。傅雷的声音有点沙哑，据说，那是因为私塾老师耳朵有点聋，傅雷要大声背书，所以声音嘶哑。

傅雷母亲还另外请人教傅雷英语以及算术。

1919年，傅雷十一岁，在周浦镇小学上高小二年级学。翌年，傅雷考入上海南洋中学附小（当时称交通部上海工业专门学校附小）四年级之后，离开周浦镇，而她的母亲一直住在周浦镇这座老房子里。1933年初春，傅雷夫人朱梅馥第一次分娩，是一男婴，胎死腹中。多年盼望孙子出世的傅雷母亲受此打击，郁闷之极，加上风湿性关节炎，一病不起，于1933年9月在周浦去世，终年只有四十五岁。

直如竹筒 纯如水晶

傅雷虽然去了上海上学，但是寒暑假都在周浦镇度过。

傅雷，原名怒盦，亦作怒庵，怒安。怒安取义于《孟子》：“文王一怒而安天下。”小名“大儿”，取自《三国志》祢衡对曹操问“大儿孔文举”之义。

据雷垣回忆，他1926年在上海大同大学附中与傅雷相识时，当时傅雷就叫傅怒安 。

至于“傅雷”的来历，据南汇张愚若老人回忆 ，在1923年，傅怒安十五岁的时候，喜欢篆刻的他为傅怒安治印，作印二方，一白一朱，一刻名，二刻字。他提议“怒安”作字，以“雷”为名，俗谓大发雷霆之谓怒，“雷”与“怒”义相近意相连。傅怒安欣然接受，从此以傅雷为名，竟以傅雷传世。

此后，傅雷在他的书橱上安放《封神榜》中雷震子的头像。雷震子性格刚烈，嫉恶如仇。在“风神、雨师、雷公、电母”之中，傅雷先生喜欢雷公，不光因为他的名字叫雷，而且他本人也是一个性格刚烈、嫉恶如仇的人。

在傅雷自印的稿纸上，署“疾风迅雨楼”。不论“雷”、“怒”，还是“疾风”、“迅雨”，都鲜明地体现了他刚烈的秉性。

傅雷还用过笔名傅汝霖、移山、疾风、风、雷等。

傅雷遭到两次开除：

他考入上海南洋中学附小之后，由于离开了督教甚严的母亲，变得十分顽皮，竟被校方以“顽劣”开除。

1920年，傅雷13岁，以同等学历入上海天主教会学校——徐汇公学初中，开始学法文。

傅雷在1921～1924年间就读的天主教教会学校徐汇公学

傅雷的同学胡毓寅先生告诉笔者，徐汇公学是现在的徐汇中学前身。那时候是教会学校。学生全部住校，一个月只许回家一次，每次回家，要由家长填写卡片，亲自来领，才能离校，上午8点走，下午5点必须返校，学校的制度是很严格的。

主课是法语，每天要上两节法语课。傅雷在那里学习三年，他的法语基础是在那里打下的。后来，傅雷毕生从事法国文学翻译工作，可以说，跟徐汇公学很有关系。

学校生活是非常紧张的。早上起床后，盥洗毕，排队到自修室自修。7点多，进食堂用餐。监学坐在食堂的高台上，把小铃一摇，学生们才能坐下吃早饭。早饭必须在限定的时间里吃完。监学一摇铃，学生们就赶紧排队，上操场。

晚上自修至九点，熄灯。宿舍是大房间，一人一床，监学也一起住。每人上床后，把帐子挂好，然后，把一根木棍压在帐子外边。早上一醒来，头一件事就是把木棍放到地上。这样，

监学一看棍子在地，就知道你已经醒了。

在徐汇公学，傅雷非常喜欢读杨贤江主编的《学生杂志》，而且订阅了《小说月报》。尽管神甫没收了他订的《小说月报》，但是无法阻挡他对文学的热爱。傅雷还与几个同学一起编一个手抄的文艺刊物，在同学中传阅。第一期是用文言文写的。

李欲振（左二）、傅雷姑妈傅仪（中）和童年傅雷（右）

傅仪是傅雷除母亲外唯一的至亲，毕业于原上海市中西女中，为人正直、严肃，总能以理服人。傅雷小时候很怕她，成年后对她仍敬畏三分，然而对她也极孝顺。傅聪、傅敏这一对小顽童，童年凡父母外出，必请傅仪来家坐镇。

校长是一位意大利神甫。在学生中，教友与非教友是分班学习的。傅雷在非教友班，但是仍然要念《圣经》。傅雷反宗教、反迷信，对念《圣经》很反感，被开除。

于是，1924年，16岁的傅雷以同等学历考入上海大同大学附中。

大同大学的前身是大同学院，创建于1912年3月19日，校址设在上海南市肇周路南阳里。1922年改称大同大学。大同大学设“普通科”，这“普通科”分高中部和初中部，后来称大同大学附中。

很偶然，在学校的壁报上，傅雷看到一篇作文，一口气读完，泪不自禁。那是一位名叫雷垣[②]的同学写的，作文中谈到他的身世——自幼父母双亡，度日如年……

傅雷并不认识雷垣。他打听到雷垣的宿舍，上门求访。傅雷紧握着雷垣的手，介绍了自己苦难的身世之后，大声地说道：“同是天涯沦落人，相逢何必曾相识！”

一见如故。傅雷竟把行李搬过来，跟雷垣住在一起。共同的身世，使他们结为知己。

不过，才几天，雷垣便领略了傅雷的脾气。他俩对一个问题见解不同，傅雷激动起来，脸红脖子粗，大有“疾风迅雷”之势。两人反目，各自上床憩息。翌日醒来，傅雷的怒气早已烟消云散，连连向雷垣道歉，反而弄得雷垣有点不好意思。

相处久了，尽管傅雷仍不时与他激烈地争论，但雷垣已熟知傅雷的为人：直如竹筒，纯如水晶，急如燃眉，热情似炽。

与表妹朱梅馥定亲

1925年，十七岁的傅雷参加了五卅运动，上街游行。

也就在这一年，傅雷写了短篇小说《梦中》，于翌年一月发表于孙福熙主编的《北新周刊》第十三、十四期。这是傅雷的处女作。

如今，人们往往只知傅雷是文学翻译家，殊不知他是从小说创作开始文学生涯。

② 1983年9月9日在上海采访雷垣教授。

《梦中》虽说显得幼稚，但是出自一位十七岁少年之手，毕竟不容易。小说分《母亲的欢喜》、《她们》、《一个影像》三节。

傅雷在《梦中》写道：

“她，的确是一个活泼可爱的女孩子。她是我的表妹，不知道是何缘故，我一见到她便觉恋恋，而她对于我，也时有依依的表现，就那天的情景看起来，而且我还发现过好几次，她在偷偷地望我，因为好多次我无意中看她，她也正无意地看我，四目相触，又是痴痴一笑。”

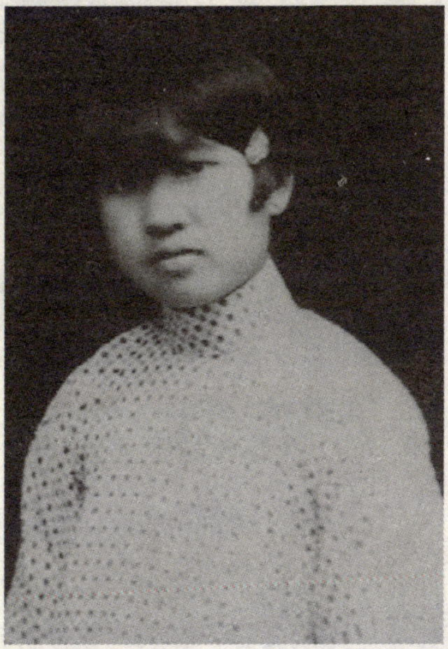

傅雷夫人朱梅馥（十六岁），温柔而贤惠，傅雷的得力助手。尽管傅雷脾气急躁，但朱梅馥总是使家庭保持欢乐。夫妇俩刚柔相济，伉俪互助，共同抵御人生道路上的风风雨雨。

其实，这正是傅雷当时与表妹朱梅馥恋情的写照。

朱梅馥比傅雷小五岁。1913年2月20日，她出生在上海南汇县城西门。当时正值阴历正月十五，腊梅盛开，取名梅福。与傅雷结婚时，他嫌“福”字太俗，改为“馥”。梅馥，暗含陆游的《卜算子·咏梅》之意：“无意苦争春，一任群芳妒。零落成泥碾作尘，只有香如故。”

据朱梅馥胞兄朱人秀告诉笔者[3]，他们的父亲朱鸿，乃清朝秀才，地主。后来教书为业。母亲杨秀金操持家务。

朱梅馥有三兄一姐，她最小。据朱烈之女朱佛容回忆[4]，朱家兄妹分别叫：朱纯、朱烈、朱人果、朱人秀、朱梅馥。

说起来，朱梅馥的祖姑母姓傅，与傅家有点远亲，算是傅雷的表妹。傅雷母亲的娘家与朱家是邻居，傅雷跟朱梅馥从小就认识。特别是傅雷到上海市区念中学、大学时，在暑、寒假常住母亲娘家，与朱梅馥常见面。

③ 1985年7月8日再度在上海采访朱人秀。

④ 1985年7月17日在上海采访朱佛容。

朱梅馥端庄秀丽，性情随和。她先在上海教会学校裨文女校念初中，后在另一所教会学校晏摩氏女校念高中。在当时，女子能够具有高中文化水平，已算得不错的了。她懂英文，也学过钢琴。

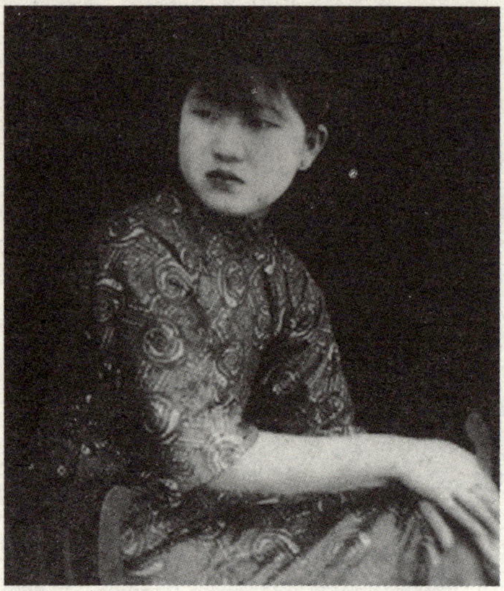

少女时代的傅雷夫人朱梅馥
（十七岁，1930年）

“朱家姑娘文静。”傅雷的母亲早就看中了朱梅馥。

傅雷呢?青梅竹马，两小无猜，彼此间情投意合，早已心照不宣。傅雷有时候在暑假到南汇县城来，就住在朱家，跟朱人秀住在一起。

正因为这样，当朱梅馥的叔叔从中作筏，便旗开得胜，马到成功，由傅雷母亲作主，亲事当即定了下来。

沈妙辛（裘劭恒夫人）曾回忆说：“我跟梅馥是晏摩氏女校的同学，住在一个房间，很要好。当时，一个房间六张床。我爱动，很顽皮，喜欢打球。梅馥文静，温柔，非常善良。她跟所有的同学都相处很好。”[5]

1926年春，傅雷与同学姚之训等带头参加进步学生运动。身为大同校董的吴稚晖下令逮捕傅雷，说傅雷是“共产党”[6]。

寡母闻讯，当即赶来，强令傅雷回乡。寡母爱子心切，理所当然，尤其傅雷是独子，是她全部希望的所在。

这年八月，傅雷在上海浦东家中写出短篇小说《回忆的一幕》，投寄给胡寄尘主编的《小说世界》。翌年一月，发表于《小说世界》。

1926年秋，傅雷以同等学历考入上海持志大学，读一年级。

这时，傅雷向母亲透露了前往法国留学的愿望。

傅雷希望去法国留学，是受表兄顾伦布的影响。当时，顾伦布在法国

⑤ 1985年7月8日再度在上海采访朱人秀。

⑥ 傅雷自述，《傅雷文集·文学卷》，安徽文艺出版社1998年版。

勤工俭学，学习纺织。

傅雷是独子，寡母舍不得儿子远行。顾伦布会同傅雷姑母傅仪，极力劝说，终使傅雷母亲答应变卖资产，送独子远行——自费留学法国。不过，傅雷母亲提出，儿子出国之前，必须与朱梅馥订婚。

在傅雷决定赴法求学的1927年，遵母嘱，便与表妹朱梅馥定亲。当时傅雷19岁，朱梅馥14岁。

那年月，农村盛行包办婚姻。傅雷与朱梅馥，既是自由恋爱，又是母亲作主——傅雷和母亲都中意！

影响傅雷留法的重要人物
——傅雷表兄顾伦布

左图：朱梅馥在晏摩氏女校的草坪上（十八岁）
右图：傅雷留法期间，未婚妻朱梅馥寄赠的照片，背面写着“献给我亲爱的哥哥！”“给我至爱的怒安！”那时朱梅馥在上海市晏摩氏女中读书。

第二章 留学法国

傅雷在法国（1929年10月）

一路行 一路写

那时候，中国留学生留学最多的国家，一是日本，二是法国。

日本离中国近，成为中国留学生的师生首选地是很自然的。至于法国，受到中国留学生的关注有两个原因：

一是第一次世界大战后，十五万华工参加法国建设，法国特地成立了法华教育会，帮助华工提高文化水平。法华教育会中方的会长为北京大学校长蔡元培。有了法华教育会作桥梁，大批中国学生前往法国勤工俭学。

二是当时法国的生活水平在欧洲比较低，留学费用相应也低。

这样，留学法国蔚成风气。光是在1919年至1920年，就有近两千中国学生前往法国留学。周恩来、邓小平、陈毅、聂荣臻、蔡和森、蔡畅、向警予……他们从全国各地汇聚上海，从上海杨树浦的黄浦码头，踏上邮船，前往法国。那时候，上海与法国马赛之间，有着定期的航班，成为中法之间的海上通道。从上海经香港、越南西贡、新加坡，过地中海，到达马赛，全程通常为三十九日至四十二日。

傅雷也卷入前往法国留学的热潮。1927年岁末——12月31日，他在上海黄浦码头，踏上法国邮船“昂达雷·力篷(Ander·Lebon)”号。

那天，如同傅雷所言：“我所有的，仅有的亲戚，朋友，爱人一个不遗的都赶来送别。”①

送行者中有傅雷的母亲，叔父（他称姑母为叔父），梅，以及雷垣等好友。

傅雷所说的“梅”，也就是他的未婚妻——朱梅馥。

母亲在寒风中久久地注视着船上的儿子——傅雷是她在这个世界上惟一的亲骨肉。

① 傅雷，《法行通信》之一，《傅雷全集·十七卷》，辽宁教育出版社2003年版。

傅雷出国前与雷垣（后排右一）等同学合影留念（1927年12月）

“昂达雷·力篷(Ander·Lebon)”号原定清早开船，实际上直至下午二时才徐徐离岸，直至“孤帆远影碧空尽”。

“船之初动也看到了，海面的辽阔也拜识了，宇宙的伟大也领略了，波浪的沉默也在面前流过了，吼叫的狂涛也在耳边听惯了，月夜的皎洁神秘，也窥到了，朝阳的和蔼现实，也感到了。高洁的未来的曙光，伟大的，雄壮的希望，似乎把我充实了许多，似乎把我激励了不少……”②

第一次远行，使傅雷处于无比激动之中。他充满对未来的美好憧憬。尽管不时风狂船摇，好在傅雷不晕船，所以保持“不吐纪录”。

一路上，傅雷洋洋洒洒地写长信，每一封信都是一篇叙事记景的散文。

船一路行，傅雷一路写。他的长信寄往孙福熙主编的《贡献》旬刊，连载于1928年第一卷第六期至第四卷第一期。

傅雷的十五封长信，汇成了《法行通信》。

傅雷的《法行通信》后来被曹聚仁所看重，编入《名家书信集》。

② 傅雷，《法行通信》之一，《傅雷文集·十七卷》，辽宁教育出版社2003年版。

尽管傅雷在徐汇公学念过三年法文，毕竟粗浅。他带着《法语初级读本》上船，与中国青年洪永川同住一舱。船过西贡，一位安南(今越南)青年上船，讲一口流利的法语。他们俩便延请安南青年为师，每日授法语一小时。一个多月后，船抵法国，傅雷已经会用法语作一般会话了。他的法语进步如此之快，使那位安南青年诧异不已。

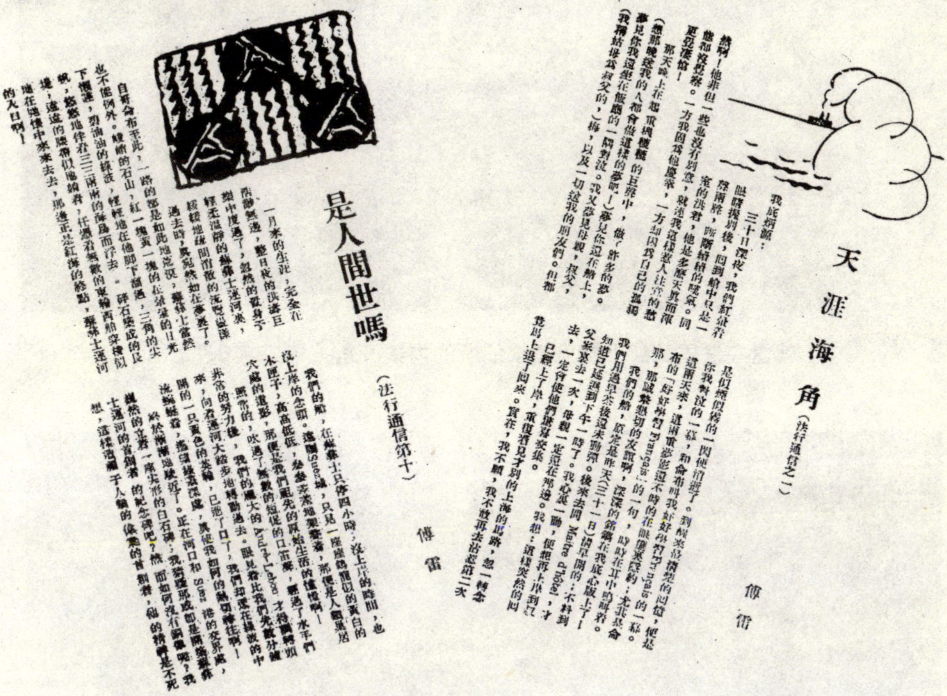
天涯海角（法行通信之二） 傅雷

是人間世嗎（法行通信第十） 傅雷

1928年1～2月，傅雷坐船赴法途中，撰写十五篇《法行通信》，并陆续发表于当年的《贡献旬刊》。图为《贡献旬刊》刊登的《法行通信》。

与刘海粟在巴黎求胜探宝

哦，“你们悬虑的无依的小鸟，现在安然抵岸了！”

1928年2月3日，傅雷终于抵达法国马赛。

傅雷在法国西部小镇贝蒂埃住所的内景一角（1928年6月）

傅雷在房东等友人的陪同下到瑞士旅游、休养（1928年8月）

翌日，傅雷到了巴黎，住在第五区服尔德饭店。他在巴黎稍事勾留之后，便前往法国西部的贝蒂埃，在那里补习法语。

波其安是法国十三世纪修建的古城，很有古典文化遗韵。傅雷寄宿于一位法国老太太家里，老人出身于上流社会，受过良好教育，她既是房东，也充当了傅雷的法语教师。老太太的教学方法很轻松，没有正式的上课，只是在日常谈话中随时讲解、纠正，傅雷的法语发音和会话就是这样学出来的。另外一位教师则专教傅雷法语课本和文法。

在房东老太太的帮助之下，傅雷终于学会以熟练的动作打好领带。在他离开上海前夕，从未打过领带的他，曾经被这根长长的带子“折磨”得筋疲力尽，怎么也打不好。在气急败坏之下，他那暴躁的脾气发作了。他拿起剪刀，把那根领带剪成一堆碎布！

傅雷过分用功，精神处于高度紧张之中。1928年8月，在房东太太的陪同之下，傅雷前往瑞士旅游、休养。此后，他考入巴黎大学文科。

巴黎大学位于巴黎拉丁区，分为文学、理学、法学、医学四个学院，大学离罗浮美术馆不远。

据当时也在巴黎的严大椿先生（后来成为翻译家）说[3]，傅雷入校之后，住在法国青年宿舍。他去青年宿舍看望过傅雷，那里的租金比外面要便宜。傅雷一边去大学听主修课的文艺理论，一边去卢佛尔美术史学校和梭旁恩艺术讲座听课。

法国巴黎的罗浮宫，是世界艺术瑰宝的大本营，也是世界美术的历史长廊。傅雷对世界美术史发生浓厚的兴趣。后来，1931年，傅雷回国之初，就在上海美术专门学校主讲美术史，那就得益于这一段时间在巴黎的学习。

傅雷还尝试翻译法国文学作品。在1928年，二十岁的他就试译了法国作家都德的短篇小说和梅里美的《嘉尔曼》。不过，他只是试译而已，并没有把译稿发出去。

傅雷开始研读法国作家罗曼·罗兰的作品。受罗曼·罗兰的影响，从此傅雷关注音乐、喜爱音乐。

③ 1985年7月11日在上海采访严大椿。

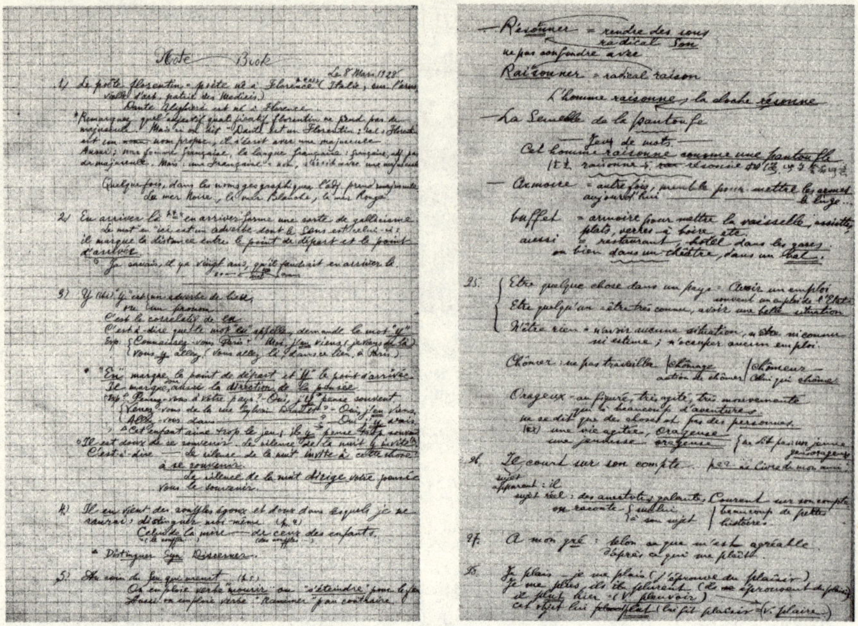

傅雷留法时残存的笔记

傅雷在贝蒂埃住所前（1928年6月）

1929年3月16日，一对来自中国的夫妇带着儿子来到巴黎。经傅雷朋友顾咸昌的介绍，与傅雷结识。他们一见如故，从此成了挚友。

这对夫妇便是刘海粟和妻子张韵士。当时，刘海粟请傅雷教法语，于是傅雷每天上午前去教他们法语。

1896年3月16日，刘海粟生于江苏常州府武进县（今常州市），乃豪门巨富子弟。刘海粟年长傅雷十二岁，如同兄长。

刘海粟是画家，而傅雷对美术

史也极感兴趣，志同道合，彼此来往日益密切。

刘海粟此人，向来敢说敢为。1912年，十七岁的他因不满封建婚姻，离家到上海，与乌始光、张聿光等画友在上海乍浦创建上海图画美术院（后来改名上海美术专门学校，简称“上海美专”），成为中国近代第一所美术学校。最初，这所学校只有四人报名。

两年之后，学校已成规模。学校设有图画、西洋画、图案、劳作专业的专科及研究班、夜校等，培养大批美术人才。也就在这一年，十九岁的刘海粟在课堂教学首倡使用人体模特儿，这在封建意识还很浓厚的当时，是非常勇敢的行动。

果真，人体模特儿招惹是非。1917年，上海美专举行成绩展览会，陈列男女裸体画习作。某女校校长看后谩骂：“刘海粟是艺术叛徒，教育界之蟊贼！”刘海粟不仅毫不畏惧，反而以“艺术叛徒”为荣。后来事情闹大，诉诸法庭，刘海粟胜诉，于是上海美专名声大振。

1930年5月，傅雷（右）与刘海粟夫妇在巴黎的阿尔培·裴那画室

1925年，上海《新闻报》等载文呈请当局严禁人体模特儿，严惩刘海粟。刘海粟撰文反击。

1926年，上海县知事危道丰发布命令，严禁上海美专人体模特儿写生。军阀孙传芳致函刘海粟，要求撤销模特儿。

刘海粟仍据理力争。孙传芳下令封闭上海美专，通缉刘海粟。

刘海粟不得不于1927年逃亡日本。经过艰难的斗争，刘海粟终于获得胜利，于1928年回国，而且国民政府大学院决

傅雷与刘抗（左一）在法国打网球（1929年10月）

定派刘海粟赴欧洲各国考察研究西方艺术，妻子和长子同行。就这样，刘海粟在1929年春来到巴黎。

巴黎是艺术之都。刘海粟与傅雷一起一一参观巴黎的艺术胜地，拜访莫奈、梵高、高更等艺术大师的故居。在参观时，傅雷给刘海粟翻译说明词，而刘海粟则从画家的角度评价每一幅名画。他俩取长补短，相辅相成，珠联璧合，互有收获。

刘海粟每天到博物馆看画、临摹。晚间必作画。刘海粟感叹："光阴如逝，真使我

傅雷在瑞士（1929年8月）

1929年夏傅雷游历瑞士，住在法瑞交界的避暑胜地达蔼维扬，照片上的房屋叫"蜂屋"，面临莱芒湖，背负阿尔卑斯山，"蜂屋"右面楼上有阳台的即傅雷的卧房。傅雷发表的第一篇译作《圣扬乔而夫的传说》即完成于此，时间为1929年9月13日。

着急。”这赴欧三年，他所作油画近三百幅。

傅雷后来在1932年9月《艺术旬刊》所发表的《刘海粟》一文中写道④：

我有时在午后一两点钟到他寓所去（他住得最久的要算是巴黎拉丁区Sorbonne街十八号Rollin旅馆四层楼上的一间小屋了），海粟刚从罗浮宫临画回来，一进门就和我谈他当日的工作，谈伦勃朗的用色的复杂，人体的坚实……以及一切画面上的新发现。半小时后刘夫人从内面盥洗室中端出一锅开水，几片面包，一碟冷菜，我才知道他还没吃过饭，而是为了“物质的压迫”连“东方饭票”的中国馆子里的定价菜也吃不起了。

在这种窘迫的境遇中，真是神监临着他！海粟生平就有两位最好的朋友在精神上扶掖他，鼓励他：这便是他的自信力和弹力——这两点特性可说是海粟得天独厚，与他的艺术天才同时秉受的。因了他的自信力的坚强，他在任何恶劣的环境中从不曾有过半些怀疑和踌躇；因了他的弹力，故愈是外界的压迫来得险恶和凶猛，愈使他坚韧。这三年的“力学苦读”，把海粟的精神锻炼得愈往深处去了，他的力量也一变昔日的蓬勃与锐利，潜藏起来；好比一座火山慢慢地熄下去，蕴蓄着它的潜力，待几世纪后再喷的辰光，不特要石破惊天，整个世界为他震憾，别个星球将为之打战。

傅雷与刘抗（左一）等在瑞士游泳（1929年9月）

刘海粟和傅雷还一起去拜访著名画家、雕塑家毕加索、凡·钝根、特朗，收益匪浅。

刘海粟注意到，每一次参观，每一次采访，傅雷总是随时作笔记。

④《傅雷文集·十八卷》，辽宁教育出版社2003年版。

1929年夏，傅雷再度前往瑞士。在这个风景秀丽的国家度过三个月，“天天看到白峰的皑皑积雪”。八月上旬，傅雷与刘抗、陈人浩以及刘海粟夫妇会合，一起去莱芒湖畔休养五十多天，并共游日内瓦。傅雷在瑞士莱芒湖畔的“蜂屋”里，傅雷翻译了《圣扬乔而夫的传说》，翌年发表于《华胥社文艺论集》。这是傅雷第一篇公开发表的译作，成为傅雷文学翻译生涯的起点。三十四年之后，“一个中国人至爱的子女竟涉足同一地区”[⑤]，傅聪和弥拉来到此地，使傅雷感叹万分。

心猿意马的深刻教训

从瑞士回到巴黎，傅雷却惹了一番爱情风波。不知怎么搞的，往常见了陌生人都有点腼腆的傅雷，竟会跟一位名叫玛德琳（MadeLeinc）的法国金发女郎共堕爱河！

关于这番爱情风波，傅雷老友刘海粟如此回忆：

事情发展到难以收拾的地步，傅雷硬要我帮他做一件棘手的事：他写了一封长信给他母亲，说明应该婚姻自主，并说他经过反复思考，决定退掉和表妹的婚约。但是他又没有勇气自己去寄，要我代寄。信交给我后，他又把信要回，在上面加了“儿在异国已有意中人”这么一句话。但过一会儿，又要涂掉这句话。事隔一天，他又来问我：“信寄出没有?”我怕他再纠缠，便说：“已经寄了。”他听了一怔，然后颓然辞去……

一天，玛德琳突然赶来告诉我们傅雷企图自杀的消息，说他“变得反复无常，一会搂着我亲热，一会又说我害了他，你们去劝劝！”玛德琳对傅雷是很迷恋的，叫他“傻孩子”，自然不愿他寻短见。但是等我们赶去，傅雷又和她打得火热了。

⑤ 傅雷致弥拉（1963年9月1日）。

出人意料的是，几个月后，这一对热恋着的情人终于闹翻了。原因是傅雷觉得玛德琳对自己不忠实。很显然，在本世纪二十年代末，留洋的中国青年，能接受外国女郎火一样的热情，但不能接受她们在感情上轻率和自由放任。这也许是东方青年，尤其是中国知识分子在与异国姑娘恋爱中最难接受的现实吧。

于是，多情而又专情的傅雷无法忍受。当我发现他怀里又藏了手枪，企图再次自杀时，急忙把他的枪夺了过来……[6]

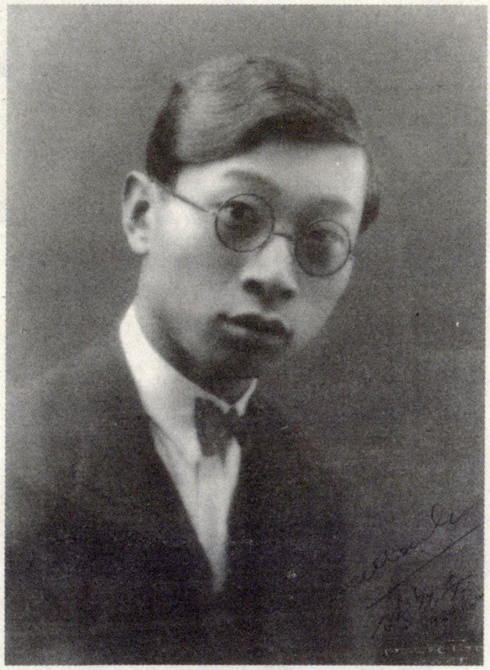

1929年10月，傅雷赠朱梅馥的照片上有中法文签名"傅怒安"。

傅雷两度欲自绝于人世，除了因为跟玛德琳闹翻之外，也由于感到内疚——他给母亲写了那样一封信，声言退掉和朱梅馥的婚约，他无颜再见到她们。双倍的痛苦，煎熬着他的心灵。他失去了活下去的勇气。

在这关键的时刻，刘海粟拿出了那封信——原来，他并没有寄出！

傅雷先是大喜，继之痛哭失声："我毕竟是写了这封信！我对不住她们！"

失而复得的爱情，使傅雷倍觉珍贵。虽说曾有过那么一番爱情风波，但经此风波，傅雷深感朱梅馥的可敬可佩。自此之后，傅雷在爱情上再不心猿意马……

傅雷在1930年与刘抗一起游历比利时，沉醉于布鲁塞尔那藏品丰富的美术馆。

⑥ 刘海粟：《情思不尽忆故人——怀念挚友傅雷》，1990年1期《人物》。

傅雷在法国（1930年春）

1931年春，与刘海粟一起游历意大利。傅雷在罗马“意大利皇家地理学会”发表题为“国民军北伐与北洋军阀斗争之意义”，表明身居海外的二十三岁的傅雷对于祖国政局的关注。

1931年春与刘海粟结伴游历意大利，并于5月拜见意大利元帅加维里亚；6月应罗马“意大利皇家地理学会”之请，讲演“国民军北伐与北洋军阀斗争之意义”。图为赴意大利的护照签证件

他还翻译了《贝多芬传》，表明了他对于音乐的浓厚兴趣。

留法四年，傅雷自称“读书并不用功”[⑦]。他没有拿到学位，甚至没有拿到法国大学的毕业文凭。对此，傅雷的母亲曾经相当失望。但是，傅雷在这四年中，熟练掌握了法语，为日后的法国文学翻译事业打下坚实的基础。他在法国、意大利这样的欧洲艺术宫殿中参观，广泛的与各方面人士的交流，使他在世界美术史研究和美学批评方面，在音乐修养方面，积累了学识。其实，傅聪也有点像傅雷，傅聪没有拿到过学位，但是他在音乐方面的成就是有目共睹的……

1931年秋，傅雷与刘海粟一起，乘“香楠沙号”轮船回国。他们抵达上海的时候，正值“九·一八”事变爆发。日本军国主义者高举太阳旗，用铁蹄蹂躏东北大地。中华民族的一场大灾大难开始了……

⑦ 傅雷自述，《傅雷全集·十七卷》，辽宁教育出版社2003年版。

第三章 遗世独立

傅雷与朱梅馥结婚照（1932年1月）

名片上印着“美术批评家”

傅雷艺术造诣是极为深厚的，对无论古今中外的文学、绘画、音乐各个领域，都有极渊博的知识。他青年时代在法国学习的专科是艺术理论，回国以后曾从事过美术考古和美术教学的工作，但时间都非常短促，总是与流俗的气氛格格不能相入，无法与人共事，每次都在半途中绝裾而去，不能展其所长，于是最后给自己选择了闭门译述的事业。

这是傅雷挚友楼适夷[①]在论及傅雷人生道路时说的一段话。

确实如此。1985年7月，我在上海公安部门的档案中，查到一张傅雷亲笔填写的履历表，上面只有这么几行简略的文字，写明他曾担任过的公职：

1931—1933：在“上海美专”教书(美术史)。

1935：曾在前ttrty“古物保管会”往洛阳考察龙门石刻。

1939：曾任前国立艺专教务主任(在昆明，二个月即辞职)。

1945：曾与周煦良合编《新语半月刊》(二个月)。

仅仅如此而已。

其实，傅雷在1935年的任职只有四个月。1939年及1945年的任职各为两个月。加起来也不过八个月。

傅雷惟一任公职时间稍长的，只是“1931—1933：在“上海美专”教书(美术史)”罢了。

傅雷在上海美术专门学校任教，全然是由于刘海粟的缘故——刘海粟任上海美术专门学校校长。

① 1983年9月27日在北京采访老作家、傅雷好友楼适夷。

傅雷在上海美术专门学校任教时的学校旧址

用刘海粟的话来说，傅雷与他“情同手足”[②]。傅雷则用这样的话，形容他和刘海粟的友情：“与君世世为兄弟，更结来生未了缘”。

傅雷从法国回到上海，便借住在刘海粟家中。刘海粟力邀傅雷担任上海美术专门学校办公室主任，兼教美术史与法文。傅雷答应了。

就傅雷而言，他到上海美术专门学校任教，除了刘海粟的盛情邀请之外，还因为“母亲在日，以我在国外未得学位，再不工作她更伤心；且彼时经济独立，母亲只月贴数十元，不能不自己谋生”[③]。

傅雷教法文，不在话下。二十四岁的傅雷能够教世界美术史，则得益于在法国的潜心学习。后来，1934年6月，他把在上海美专所写的世界美术史讲稿，整理成《世界美术名作二十讲》。这部书稿在傅雷生前没有出版。1979年，在傅雷遗物中发现这部书的手稿。1983年由傅雷挚友、

② 刘海粟：《情思不尽忆故人——怀念挚友傅雷》，1990年1期《人物》。

③ 傅雷自述，《傅雷全集·十七卷》，辽宁教育出版社2003年版。

画家、工艺美术家庞薰琹撰写序言，并经吴甲丰先生校订、由三联书店出版。1998年出版了插图珍藏本。2004年又由天津社会科学院出版社出版《世界美术名作二十讲》重编插图本。

“听二十四岁的傅雷讲课”

《世界美术名作二十讲》显示了傅雷在美术方面的造诣与见解。

《世界美术名作二十讲》从西方文艺复兴初期的乔托，历全盛期的三杰(达·芬奇、米开朗琪罗、拉斐尔)至十七世纪的大师伦勃朗、鲁本斯，更包括十八、十九世纪的几位名家，近二十人。《世界美术名作二十讲》围绕近二十位大师及其名作，讨论从艺术风格延至人格操守，生动洗练，深入浅出，成为艺术青年的优秀的入门读物。

傅雷说，《世界美术名作二十讲》“编分二十讲，所述皆名家杰构，凡绘画雕塑建筑装饰美术诸门，遍尝一脔。间亦论及作家之人品学问，欲以表显艺人之操守与修养也，兼顾并重，示研究工作之重要也。”

傅雷的老朋友、画家、前中国工艺美术学院院长庞薰琹，这么评价《世界美术名作二十讲》一书[④]：

“在《世界美术名作二十讲》中，不单是分析了一些绘画、雕塑作品，同时接触到哲学、文学、音乐、社会经济、历史背景等等。对青年读者来说，如何来丰富自己的知识，是很有教益的。对从事美术史研究的人来说，有些问题是值得思考，例如美术史究竟如何编写等等。”

这本书的校订者吴甲丰先生在《编校后记》[⑤]指出：

傅雷先生遗留下一部稿件，是一册厚厚的、以“十行笺”订成的本

④ 庞薰琹，《〈世界美术名作二十讲〉与傅雷先生》，《傅雷全集·十八卷》，辽宁教育出版社2003年版。

⑤ 吴甲丰，《〈世界美术名作二十讲〉编校后记》，《傅雷全集·十八卷》，辽宁教育出版社2003年版。

子，以流利而清秀的毛笔字写成，题名《世界美术名作二十讲》。

这部稿件完成于三十年代之初，一直未曾全部发表。去年(1983年)我受三联书店的委托，为此稿做一些校订工作，得以逐字逐句细读，从而受到许多教益与启发。

这部讲稿不是美术通史或断代史，而是凭借各种名作讲解西欧二十多个重要美术家的艺术与事迹。从年代上说，是从十二、十三世纪(文艺复兴的初期或“前奏”)讲到十九世纪中叶，大约跨越五百多年。西欧美术以“写实逼真”著称于世，而这五百多年正是西欧写实美术(尤其是绘画)充分发展而形成体系的时期。这种崇尚写实的美术在古代的希腊、罗马已有很大的发展和很高的成就(尤其是雕刻)，但泛称为中世纪的艺术却有一个转折：在这段长达千载的漫长时期中，西欧美术对于希腊古典传统的继承若即若离，却吸收、融合中近东与“诸蛮族”的艺术因素，形成许多独特的风格(一般的说，重视装饰美而不很重视写实)。过去很多西方美术史家由于推崇古希腊与文艺复兴，相对地轻视中世纪的美术。从十九世纪中叶起，又有一些学者和艺术家重新估价过去的美术，认为中世纪美术也有很高的审美意义和艺术价值；个别学者甚至将中世纪置于古希腊与文艺复兴之上。至于二十世纪，西方美术又出现了许多标新立异的“现代诸流派”，那又是一个很大的转折，而从美术发展史的观点看，这种转折是势所必然的。我们中国人从东方看西方，应该看得客观些，对于西欧各个时期的美术不必存孰高孰低的先入之见；不过我始终认为，发源于古希腊而在文艺复兴时期重新发展起来的“写实美术体系”，应该受到我们充分的重视，今后还需要继续深入研究。

校订者吴甲丰先生这样评论傅雷《世界美术名作二十讲》的价值[⑥]：

傅先生在《讲稿》中没有大量列举家派与作品，而仅仅是选择有代表性的加以评述，但他谈得何等委曲精微、娓娓动听。除了评介作品的特色与美术家的身世片段外，也提到一些由艺术实践引起的美学方面的疑难

⑥ 吴甲丰，《〈世界美术名作二十讲〉编校后记》，《傅雷全集·十八卷》，辽宁教育出版社2003年版。

傅雷编著的《世界美术名作二十讲》手稿。1934年傅雷把在上海美专任教时编写的美术史讲义，整理补充为《世界美术名作二十讲》。此书生前未发表，直到二十世纪八十年代才面世。手稿本系傅雷先生生前亲手装订。

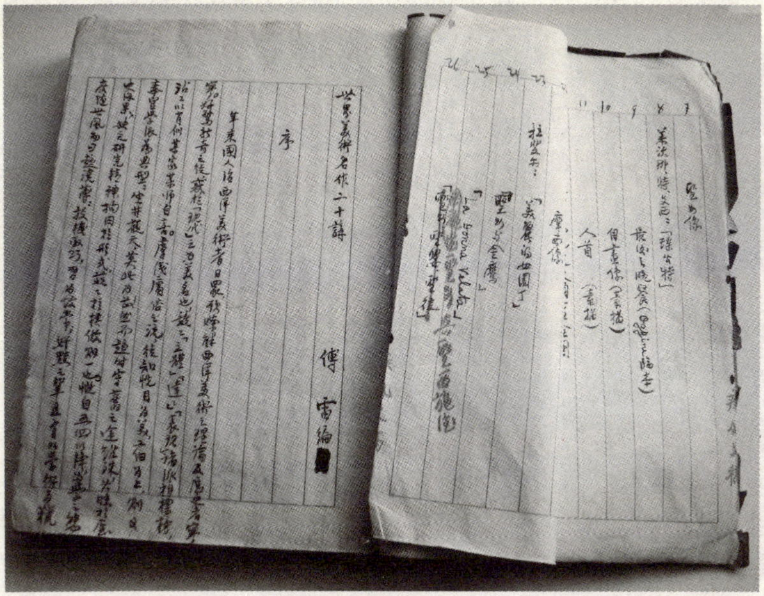

傅雷编著的《世界美术名作二十讲》手稿的目录和序

问题，并提出他自己的看法；尽管往往只有三言两语，却也发人深思。读了这部《讲稿》，你会感到原来对于所谓“写实风格”并不能作简单的理解。各个时代、各家各派同样谨守“写实”的各种规律，然而以取材、手法、风格以及体现在这些因素中的思想感情与审美趣味而论，却又是何等的参差不一。我体会，傅先生是在苦口婆心地告诉当时中国的美术家与其他知识分子：如果要向西方的文化、艺术有所借鉴，首先必须立足于理解。

傅先生的这一心愿，在《讲稿》自序中更有殷切的倾诉。“自序”中提出他对于当时(三十年代)两种倾向有很大的反感。一种是盲目模仿西方现代诸流派；另一种倾向是盲目模仿西方的学院派(他称之为“官学派”)。傅先生性格严肃，倾向于愤世疾俗，对于“时弊”是很敏感的。不过我感到他对于当时那两种倾向的指责未免词气过严；因为我始终认为，接受外来文化、艺术的影响，大概总要经过一个模仿的阶段；当然，我们应该盼望这种模仿阶段的时间越短越好。但是我也认为，模仿固然并不可怕，而盲目的模仿，正如盲目的抵制，却是有点可怕的，如果长期安于知识的贫困，那就更加可怕了。

《世界美术名作十二讲》第一版封面（1983年）

据钱锺书夫人杨绛回忆[7]，钱锺书当时见到傅雷的名片，上面写着的“头衔”是一行法文Criiique d'Art（美术批评家）。批评，当时的含义就是评论。这表明，傅雷当初是以美术评论家作为自己的专业。《世界美术名作二十讲》正是显示了傅雷作为一位“美术批评家”的功力。

在《世界美术名作二十讲》中，傅雷这样评论波提切利的画作《春》[8]：

---

⑦ 杨绛，《忆傅雷》，金圣华编，《傅雷与他的世界》，香港三联书店1994年版。

⑧ 傅雷，《世界美术名作二十讲》，《傅雷全集·十八卷》，辽宁教育出版社2003年版。

现在试将《春》的各组人物加以分别的研究：第一是三女神，这是一组包围在烟雾似的氛围中的仙女，她们的清新飘逸的丰姿，在林木的绿翳中显露出来。我们只要把她们和拉斐尔、鲁本斯(Rubens)以至十八世纪法国画家们所描绘的“三女神”做一比较，即可见波氏之作，更近于古代的、幻忽超越的、非物质的精神。她们的婀娜多姿的妩媚，在高举的手臂，伸张的手指，微倾的头颅中格外明显地表露出来。

《世界美术名作二十讲》插图珍藏本（1998年）

可是在大体上，“三女神”并无拉斐尔的富丽与柔和，线条也太生硬了些，左方的两个女神的姿势太相像。然这些稚拙反给予画面以清新的、天真的情趣，为在更成熟的作品中所找不到的。

春神，抱着鲜花，婀娜的姿态与轻盈的步履，很可以用“步步莲花”的古典去形容她。脸上的微笑表示欢乐，但欢乐中含着偶然的哀情，这已是达·芬奇的微笑了。笑容中藏着庄重、严肃、悲愁的情调；这正是希腊哲人伊壁鸠鲁(Epicurus)的精神。

在春之女神中，应当注意的还有两点：

一、女神的脸庞是不规则的椭圆形的，额角很高，睫毛稀少下巴微笑；这是翡冷翠美女的典型，更由波氏赋予细腻的、严肃的灵的神采。

二、波氏在这副优美的面貌上的成功，并不是特殊的施色，而是纯熟的素描与巧妙的线条。女神的眼睛、微笑，以至她的姿态、步履、鲜花，都是由线条表现的。

维纳斯微俯的头，举着的右手，衣服的帮痕，都构成一片严肃、温婉、母性的和谐。母性的，因为波提切利所代表的维纳斯，是司长万物之生命的女神。

至于雄辩之神面部的表情，那是更严重更悲哀了，有人说他像朱利安·梅迪契(Julian Medici，洛伦佐的兄弟，一四七八年被刺殒命)。但这个悲哀的情调还是波提切利一切人像中所共有的，是他个人的心灵的反映，也许是一种哲学思想之征象，如上面所说的伊壁鸠鲁派的精神。他的时代原来有伊壁鸠鲁哲学复兴的潮流，故对于享乐的鄙弃与对于虚荣的厌恶，自然会趋向于悲哀了。

波提切利所绘的一切圣母尤富悲愁的表情。

《世界美术名作二十讲》重编插图本（2004年）

诚如刘海粟所回忆的，傅雷在巴黎参观各种艺术博物馆以及画展的时候，都很认真地作笔记。《世界美术名作二十讲》正是傅雷观摩了众多西方美术作品之后写出的“批评”之作。

由于傅雷后来毕生从事于法国文学翻译工作，倘若不是这部《世界美术名作二十讲》的出版，人们差不多已经忘了傅雷当初是“美术批评家”呢！

然而，这部用毛笔端端正正写成的《世界美术名作二十讲》，直到1983年这才如同出土文物一般终于与广大读者见面。

在众多的读者之中，包括女作家黄宗英。她读罢傅雷在二十四岁时上课的讲义《世界美术名作二十讲》，大为感动，大为敬佩，不由得心血来潮，写下了散文《听二十四岁的傅雷讲课》……

温馨的四口之家

1932年1月，留法归来的二十四岁的傅雷，与朱梅馥在上海“一品香”饭店举行婚礼。据傅雷下沙旧居的邻居邱先生回忆[⑨]，傅雷还曾在周浦镇摆喜宴，他从下沙赶往周浦镇吃喜酒，记得傅家摆了二十多桌喜酒，朱家的亲戚们也纷纷从南汇县赶来……饭后酒余，朋友们跳起了交谊舞。在当时，这算是新式结婚了。

傅雷对朱梅馥的称呼，最初只是一个“梅”字。后来他用法语称朱梅馥为“玛格丽特”。歌德《浮士德》里的玛格丽特，漂亮而温柔。傅雷便以为，朱梅馥就是他的“玛格丽特”。

傅雷夫妇婚后于1934年迁至上海吕班路（今重庆南路）巴黎新村四号，图为傅雷卧房的五斗柜旁（1934年3月）。

由于傅雷年长于朱梅馥，所以朱梅馥一直称傅雷为“老傅”。

傅雷和朱梅馥结婚之后，住在上海吕班路201弄53号。吕班路即今日的重庆南路，当时属法租界。傅雷选择了法租界居住，可能就是由于他留学法国归来，而且精熟法语。

一个和睦、美满的小家庭，除了夫妇俩志同道合之外，性格上的阴阳互补、刚柔相济也是和谐的重要因素。刚烈的傅雷与温柔的朱梅馥结为伉俪，可以说是傅雷的终身幸福。她是傅雷的贤内助。虽然在傅雷的五百万言译著上，找不到她的名字，可是如果没有她，傅雷不可能在文学上建树那样的辉煌丰碑。

用傅雷自己的话来说，“自从我圆满的婚姻缔结以来，因为梅馥那么温婉那么暖和的空气一向把我养在花房里……”

⑨ 1997年10月27日采访于上海南汇。

傅雷与朱梅馥结婚一周年合影

1933年9月，傅雷母亲病故。图为傅雷夫妇在守灵，前面的花圈是傅雷岳丈朱鼒鸿敬挽。

结婚不久，小家庭蒙受了两次沉重的打击：

1933年初，朱梅馥生一男孩，刚出生便夭折了，给这对青年夫妇带来了不快，也使守寡一辈子、盼孙盼得眼欲穿的傅雷母亲陷入极度痛苦之中；

1933年9月，傅雷的母亲因风湿病逝世，终年仅45岁。

傅雷夫妇不胜悲痛，扶柩回乡安葬。傅雷也因此辞去在上海美专的工作。

辞掉了工作，又建立了小家庭，傅雷译书所得的稿费并不多，如何维持生活呢？

傅雷曾经这么述及自己的经济情况：

“母亲死后，田租收入一年只够六个月用，其余靠卖田过活。”⑩

1933年10月，傅雷夫妇游历杭州，以缓解寡母去世引起的悲痛。这时朱梅馥正怀着傅聪。

傅雷家原本拥有四百多亩田。他在1936年一次卖田一百亩，后来又多次卖田，到了1948年只剩二百亩田。田租、卖田所得以及译书的稿费，是傅雷在1949年前的三项经济来源。

就在傅雷母亲去世后半年——1934年3月10日，傅聪降生于上海广慈医院。可惜，傅雷母亲已经看不到傅聪了！

1937年4月15日，生次子傅敏。

傅雷夫妇为庆祝次子傅敏出生合影留念。傅聪出生于1934年3月10日。

⑩ 傅雷自述，《傅雷全集·十七卷》，辽宁教育出版社2003年版。

傅雷在《傅雷家书》中这么谈及给两个儿子命名的含义：

"'聪'的意思是'听觉灵敏'、'高度智慧'，敏的意思是'分辨力强'、'灵活'，两个字放在一起'聪敏'，就是常见的词，用以说智慧、灵敏，即'clever'的意思"。

从此，四口一家，傅雷有了温暖的小家庭。

傅聪半周岁与母亲朱梅馥合影

1936年8月中旬，傅雷夫妇由黄山途经杭州时合影。

"孤独的狮子"与"墙洞里的小老鼠"

傅聪曾经这么评价自己的父亲[11]：

---

⑪ 傅敏、陈小明编，《孤独的狮子傅雷》，中国青年出版社2000年版。

我父亲是一个文艺复兴式的人物，

一个寂寞的先知；

一头孤独的狮子，愤慨、高傲、遗世独立。

绝不与庸俗妥协；

绝不向权势低头。

人们常说，“知子莫若父”。傅聪的这段话，可以说“知父莫若子”。

不过，“孤独的狮子”，这只是儿子眼中的傅雷。

应当说，傅雷是“孤独的”，这是毫无疑义的。然而，傅雷到底是不是“狮子”呢？

傅雷，平常朋友都叫他“老傅”。在上海话中，“傅”与“虎”同音，“老傅”成了“老虎”。朋友们笑谓，傅雷发起脾气来，如同“老虎”。从这个意义上讲，傅雷是“狮子”，也是“老虎”。

不过，傅雷眼中的自己，却与此相距甚远。傅雷自称是“小老鼠”！

杨绛曾经这么回忆[12]：

傅雷却不止一次在钟书和我面前自比为“墙洞里的小老鼠”——是否因为莫洛阿曾把服尔德比作“一头躲在窟中的野兔”呢？

杨绛对傅雷自比“墙洞里的小老鼠”，作了十分到位的注释[13]：

晚年刘海粟

傅雷这话不是矫情，也不是谦

⑫ 杨绛，《忆傅雷》，金圣华编，《傅雷与他的世界》，北京三联书店1996年版。

⑬ 杨绛，《忆傅雷》，金圣华编，《傅雷与他的世界》，北京三联书店1996年版。

虚。我想他只是道出了自己的真实心情。他对所有的朋友都一片至诚。但众多的朋友里，难免夹杂些不够朋友的人。误会、偏见、忌刻、骄矜，会造成人事上无数矛盾和倾轧。傅雷曾告诉我们：某某“朋友”昨天还在他家吃饭，今天却在报纸上骂他。这种事不止一遭。傅雷讲起的时候，虽然眼睛里带些气愤，嘴角上挂着讥诮，总不免感叹人心叵测、世情险恶，觉得自己老实得可怜，孤弱得无以自卫。他满头棱角，动不动会触犯人；又加脾气急躁，止不住要冲撞人。他知道自己不善在世途上圆转周旋，他可以安身的“洞穴”，只是自己的书斋；他也像老鼠那样，只在洞口窥望外面的大世界。他并不像天上的鹤，翘首云外，不屑顾视地下的泥淖。傅雷对国计民生念念不忘，可是他也许遵循《刚第特》的教训吧？只潜身书斋，作他的翻译工作。

其实，傅雷自嘲“墙洞里的小老鼠”，更加接近真实。傅雷作为无权无势的一介书生，像“小老鼠”一样，属于社会上的弱势群体。为了免遭强者的欺凌，他躲进了“墙洞”——书斋。

正因为这样，傅雷既孤傲，又弱小。把傅聪所说的“孤独的狮子”与傅雷自谓的“墙洞里的小老鼠”，结合在一起，那就是一个完整、贴切的傅雷形象。

傅雷，遗世独立的人物，刚刚步入社会，就显示了那么的高傲，不合群。

1936年，发生了一桩意想不到的事：傅雷与挚友刘海粟断交！

傅雷与刘海粟在法国建立了密切的友谊，情同手足，怎么会断交呢？

事情是由画家张弦引发的。张弦是浙江青田人，是靠着卖青田石而流浪到巴黎，一面做苦工，一面习画。傅雷在巴黎认识他。张弦回国后在上海美专任教，与傅雷曾经是同事，而且还是多年的邻居。张弦薪水较低，生活困苦。傅雷为张弦抱不平，一再要求校长刘海粟增加张弦的薪水。刘海粟毕竟是一校之长，必须考虑上上下下、方方面面，未能为张弦增加薪水。

1936年夏，张弦因急性肠炎而去世（据黄苗子在《画坛师友录》中回忆，张弦是在回乡度假时不幸溺水而死）。傅雷闻讯，深为痛惜，并在1936年10月15日上海《时事新报》上发表了《我们已失去了凭藉——悼张弦》一文，指出：“他不但是一个寻常的好教授，并且是一个以身作则的良师。”⑭

画家张弦

傅雷更为张弦不平，以为张弦是受上海美专“剥削”而死。这样，在讨论举办张弦遗作展的会议上，傅雷与刘海粟正面冲突，发生激烈争吵。

傅雷在盛怒之下，竟然与老朋友刘海粟一刀两断，从此不再来往。

直到解放之后，傅雷这才气消，与刘海粟恢复交情。刘海粟画了一幅《长城八达岭》，送给傅雷，希望彼此的友谊像长城那样永存。

傅雷与挚友刘海粟曾经“绝交”，傅雷与好友刘抗之间也曾演出同样的一幕：

那是刘抗在上海新婚之后，刘海粟设宴庆贺，刘抗夫妇去了。接着，傅雷同样设宴庆贺，不巧，刘抗夫人身体不适，便婉言谢之。傅雷以为，刘抗不给他面子，不由得大怒，把刘抗送给他的画从家中墙上取下，而且从此不理刘抗。

还好，后来傅雷终于想明白了。雨过天晴，他与刘抗的“绝交期”只数月而已，不像与刘海粟的“绝交”那么漫长。

用傅雷的话来说，刘海粟、刘抗是他的为数不多的“剖腹交”的朋友。对于这样推心置腹的老朋友尚且因偶然的芥蒂而“绝交”，所以傅雷确实成了“孤独的狮子”！

⑭《傅雷文集·艺术卷》，安徽文艺出版社1998年版。

在洛阳记起“玛德琳风波”

在1935年、1939年，傅雷曾经有过两度短暂的出任公职的经历，也就是他自己填写的履历表上所写的“1935：曾在前‘古物保管会’往洛阳考察龙门石刻”和“1939：曾任前国立艺专教务主任(在昆明，二个月即辞职)”。

傅雷这两次，都是因滕固之邀出任公职。傅雷在1957年“反右派斗争”中被迫所写的交代中，都提到了滕固。

然而，在1957年，对于滕固，圈内人不言，圈外人不知。

滕固（1901–1941），字若渠，江苏省宝山县（今上海市宝山县）人。留学日本，获硕士学位。又留学德国，获哲学博士。滕固1925年回国后，在上海美专执教中国美术史。他在前往法国访问时，在巴黎结识傅雷的。傅雷回国后，在上海美专，是替代他教美术史这门课程。他还曾在上海国民大学、南京金陵大学任教，同时进行文化运动，参加文学研究会。他担任过国立艺术大学校长，担任过国民党江苏省党部委员，也是江苏省国民党指导委员会七名指导委员之一，即叶楚伧、顾子扬、李寿雍、江宝煊、滕固、倪弼、澧悌。

滕固的《中国美术小史》（商务印书馆1926年出版），首次建立了关于“中国美术”的完整概念。滕固被认为是运用现代学术语言书写中国美术的学者。滕固还著有《近代中国艺术发展史》、《唐宋绘画史》、《南阳汉画像石刻之历史的风格的考察》、《六朝陵墓调查报告》等许多中国美术史学术著作，主编了《中国艺术论丛》。滕固甚至还写过许多小说。滕固还制订了写作多卷本《中国美术史》的计划，只是过早去世而未及实现。

由于滕固死于战乱，而且又曾担任国民党官职，解放后对他讳莫如深，所以也就被时间所淹没。

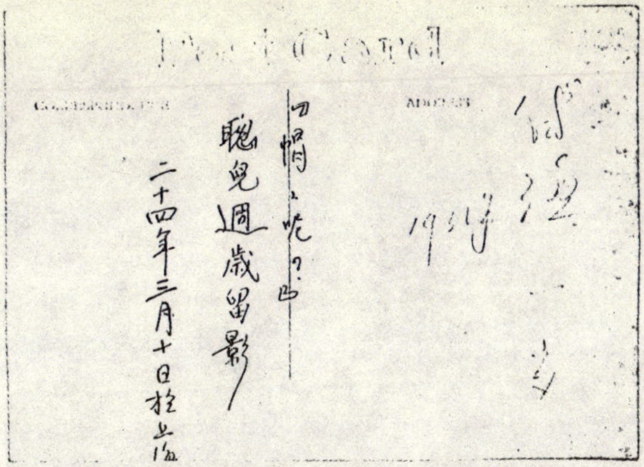

这是傅聪周岁时的照片，傅雷在照片背面亲笔写道：“‘帽帽呢？’聪儿周岁留影，二十四年（注：指民国二十四年，即1935年）三月十日于上海。”

傅聪（一岁八个月）在上海中山公园与母亲合影（1935年11月）

直至1998年，沈宁先生在整理东方美术史学家、诗人常任侠先生的文集时，读到常任侠先生作于1942年的《记亡友滕固及其著作》的悼文，这才把滕固作为“出土文物”挖了出来。2001年冬，中央美术学院首次举办滕固纪念专题的学术研讨会，肯定了滕固作为“现代艺术史学的奠基者”的地位。

2002年，上海人民美术出版社出版了《滕固艺术文集》。人们惊讶此发现，早在六十多年前，滕固就在中国美术史方面有那么多的建树。关于这本书的评论，那题目也耐人寻味：《出土滕固——评滕固艺术文集》。

1936年12月，傅雷应滕固之情，以“中央古物保管委员会专员”的名义，在洛阳考察龙门石窟时，在居住的小四合院内。

傅雷在洛阳考察龙门石窟，研究保管问题。

滕固的长篇小说《外遇》,也由浙江文艺出版社出版。

滕固是艺术史专家，而手中又有权，所以他在1935年3月邀请傅雷到南京任“中央古物保管委员会”的编审科科长。四个月后，由于该会缩小机构，并入内政部，傅雷辞去职务，返回上海。

1936年冬，滕固又邀请傅雷以“中央古物保管委员会专员”名义，到洛阳考察龙门石窟。随行者为一名科员——摄影师。尽管“黄河鲤鱼的鲜嫩肥美，决非江南任何鱼鳞所可比拟”，住的是“三进三院的大房子”，但是“尘灰蔽日与客中枯索”，成为傅雷旅途之中的“两大恨事”。尤其是离别妻儿，傅雷思家心切。他在写给刘抗的信中，称自己成了“充发异域的囚徒”[15]。

1928年傅雷与画家刘抗相识于法国。刘抗1911年出生在于福建省，在马来西亚度过童年。刘抗从法国回国之后，和傅雷一样，也任教于上海美专。1942年，刘抗移居新加坡。曾任新加坡中华美术研究会会长、艺术协会会长，新加坡文化部美术咨询委员会主席。2004年6月1日，刘抗病逝于新加坡，终年九十三岁。去世前，他把六百五十件各个时期的绘画作品捐献给新加坡美术馆。

傅聪四岁与母亲合影（1938年）

在洛阳万分寂寞之中，傅雷在写给好友刘抗的信中，透露他在那里遇见了“有些像嘉宝”的汴梁的姑娘[16]：

其次还有一件confidence得向你倾诉，现在通信的朋友中只有你可以领略其中的况味。请读读下面这首小诗：

汴梁的姑娘
你笑里有灵光。
柔和的气氛，
罩住了离人——游魂。

⑮ 傅雷致刘抗，1936年11月21日，《傅雷全集·二十卷》，辽宁教育出版社2003年版。
⑯ 傅雷致刘抗，1936年11月21日，《傅雷全集·二十卷》，辽宁教育出版社2003年版。

汴梁的姑娘，
你笑里有青春。
娇憨的姿态，
惊醒了浪子——倦眼。

汴梁的姑娘，
你笑里有火焰。
躲在深处的眼瞳，
蕴藏着威力无限。

汴梁的姑娘，
你笑里有欢欣。
浊世不曾湮及你的慧心，
风尘玷污不了你的灵魂。

啊，汴梁的姑娘，
但愿你灵光永在，青春长驻！
但愿你光焰恒新，欢欣不散！

汴梁的姑娘，
啊……汴梁的姑娘！

（她是开封人，开封宋时称汴梁）

你可猜一猜，这汴梁的姑娘是谁？要是你细心的读，一句一句留神，你定会明白底蕴。过几天，我将把她的照片寄给你（当然是我们拍的），你将不相信在中原会有如是娇艳的人儿。那是准明星派，有些像嘉宝……

不过，法国的玛德琳（Madeleine）风波，给傅雷的教训太深了。所以，傅雷在给刘抗的信中又特别加以说明：

“不用担心，朋友！这决没有不幸的后果，我太爱梅馥了，决无什么危险。感谢我的Madeleine，把我渡过了青春的最大难关。如今不过是当作喝酒一般寻求麻醉罢了。何况：同是天涯沦落人，相逢何必曾相识！”

1938年的傅雷（三十岁）

幸亏有过玛德琳（Madeleine）风波的刻骨铭心的教训，所以傅雷对于那位汴梁的姑娘只是逢场作戏而已。

在洛阳，令傅雷头疼的是，“那位科员为人不大聪明，此来一切记账等等的杂务，也得我自己管理”。

不久，傅雷又发现，工作是那么的繁重，而龙门一带又是土匪出没之处，很不安全。

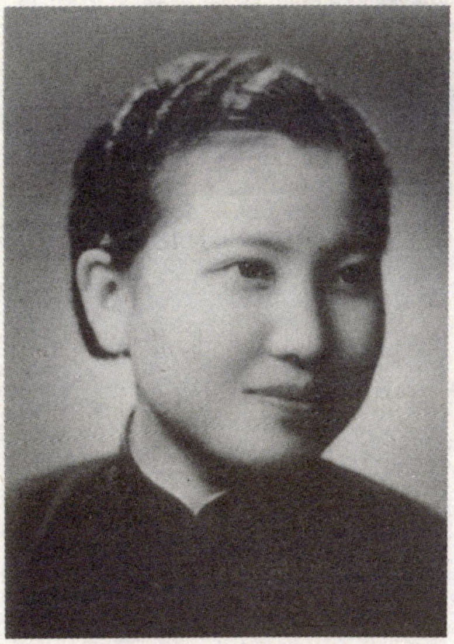

1938年的朱梅馥（二十五岁）

两个月后，内政部要求傅雷做会计手续报账。傅雷本来就一肚子的气，哪里受得了那么繁琐的会计手续报账？终于在一怒之下，辞职回家了。

1937年7月7日，爆发“七七事变”，抗日战争全面爆发。由于事先傅雷已经答应福建省教育厅的邀请，前往福州，所以傅雷在翌日仍按原计划离沪。他在福州为“中等学校教师暑期讲习班”讲美术史大要。

形势日益危急，8月4日傅雷赶回上海。在上海只呆了两天，8月6日，傅雷携妻儿乘船前往香港，打算转往友人广西蒙山避难。就在傅雷一家离沪不久，8月13日，日军突然向上海闸北等地发动进攻，爆发“八·一三”抗战。

傅雷一家在西南因交通混乱而受阻于广西梧州达三个月之久。不得已，只好重新取道香港返回上海。

1939年2月，滕固担任国立艺术专科学校校长。正值抗战期间，大批院校以及文化人迁往西南，国立艺术专科学校也迁往昆明。当时，国立艺术专科学校缺教务主任，考虑到傅雷曾经担任过上海美术专门学校办公室主任，滕固便致电傅雷，邀请他来昆明出任此职。傅雷答应了。他取道香港，从越南进入云南，到达昆明。

傅雷夫妇为庆祝次子傅敏出生合影留念。傅敏出生于1937年4月15日。

不过，傅雷只在昆明呆了两个多月，便在工作中与校长滕固产生分歧。作家施蛰存当年在昆明曾经见到傅雷与滕固吵翻，“一怒之下，回上海去了”。从此，施蛰存和傅雷谈话时，“不能不提高警惕”[17]！

⑰施蛰存，《纪念傅雷》，1986年9月3日《新民晚报》。

选择了法租界巴黎新村

从1934年起，傅雷用卖田的钱买下法租界吕班路巴黎新村四号（今上海重庆南路169弄4号），在这里傅雷住了十四年，过着书斋生活。

上海巴黎新村外景（叶永烈摄）

“法租界”、“巴黎新村”以及随处可见的法国梧桐，浓厚的法国气氛，这对于留学法国巴黎的傅雷而言，在这里从事法国文学翻译工作，具有象征意义。

2004年7月2日，笔者在上海寻访巴黎新村，那里还保持原貌。这里地处上海市中心，离淮海中路（当时称霞飞路）不过数百公尺而已。巴黎新村的房子，相当于今日的联体别墅。每家都是三层，坐北朝南，前门有一

傅雷所住的巴黎新村四号（叶永烈摄）

屋里的陈设虽然变了，但是楼梯还是原貌（叶永烈摄）

个小小的天井。每排大约十来家。由于地处闹市，地皮金贵，所以一排排房屋的间距很小，中间只隔一条窄窄的小路。

在当年，巴黎新村是上海的高档住宅区。在这里，既住着蒋介石的前妻陈洁如，也住着邹韬奋、钱君匋等文人。

我来到巴黎新村四号，说明来意之后，现在的住户很客气地让我入内参观、拍照。据说，在1999年，傅聪也到这里，重温童年的梦。如今，这里住着三户人家，一层一家，显得杂乱。每层大约五十多平方米。

据傅雷的老保姆梅月英回忆[18]，当时傅雷家底楼是客厅，餐厅，厨房。客厅里放着钢琴，是傅聪练琴的地方；二楼是卧室，傅雷夫妇住主卧室，她带两个孩子住在一层楼和二层之间朝北的亭子；三楼是傅雷书房，那里非常安静。

傅雷之家如同舞台一般，常常演出种种热闹而有趣的话剧来。

傅雷秉承严母，对儿子的教育一向非常严格。傅雷的严，傅聪的“皮”，常常闹“磨擦”。

朱梅馥居中，往往扮演“调解委员”的角色。

傅雷对于家庭成员，有着不成文的种种“规定”：

---

⑱ 1985年10月23日在上海采访梅荷娣。

“食不语”——吃饭时不许讲话；

咀嚼时不许发出很大的声响；

用匙舀汤时不许滴在桌面上；

吃完饭要把凳子放入桌下，以免影响家中“交通”……

傅敏（两岁）与母亲在上海中山公园（1939年）

如果说傅雷是铁锤，朱梅馥则是棉花胎，敲上去不会发出火花。她从不发脾气。傅雷藏书甚多，什么书放在哪里，都有一定之规。傅雷看完什么书，一定放回原处。朱梅馥常常忘了傅雷的这一“规定”，看了书随手一放。傅雷见了，当即批评她“乱拿乱放”。她呢?总是哈哈大笑，说“保证改正”。不过，过了几天，她又随手乱放，当然，又“保证改正”……

朱梅馥是典型的贤妻良母。她默默地做了大量的工作。傅雷的许多文稿，都是她誊抄的。每一个字，都写得端端正正，一笔不苟。就连傅雷给傅聪写信，每封信都由她誊抄留底；傅聪的来信，由她分类抄录。1985年4月8日在上海音乐学院的“抄家物资”中找到的三大本《聪儿家信摘录》，那秀丽的字，便是她的手笔。

她对傅雷一往情深。1961年10月5日，她在写给傅聪的信中，说过一段出自肺腑、感人至深的话：

你是最爱妈妈的，也应该是最理解妈妈的。我对你爸爸性情脾气的委曲求全，逆来顺受，都是有原则的，因为我太了解他，他一贯的秉性乖戾，嫉恶如仇，是有根源的——当时你祖父受土豪劣绅欺侮压迫，二十四岁上就郁闷而死，寡母孤儿(你祖母和你爸爸)悲惨凄凉的生活，修道院式的童年，真是不堪回首。到成年后，孤军奋斗，爱真理，恨一切不合理的旧传统和杀人不见血的旧礼教，为人正直不苟，对事业忠心耿耿，我爱他，我原谅他，为了家庭的幸福，儿女的幸福，以及他孜孜不倦的事业的成就，放弃小我，顾全大局。……

傅聪（两周岁）在上海中山公园（1936年3月10日）

傅敏两岁（1939年）

傅聪（五岁）在巴黎新村住宅隔壁的小花园前（1939年）

母亲(二十六岁)与傅聪（五岁）和傅敏（两岁），于1939年4月。

1940年的朱梅馥
（二十七岁）

傅雷夫人这段话，发自肺腑，恰如其分。她对傅雷，知之深，爱之切，琴瑟之好，源于夫妇间的相知，相谅，相爱。她是那样的识大局，顾大局。她不是慑于夫权而百依百顺的弱女子，她是胸襟宽广而“放弃小我”的贤惠女性。她毕生的工作是操持家务。她把自己的一切，融入了傅雷的事业……

1940年的傅雷
（三十二岁）

傅雷先生的品格和性格，都非常鲜明。他既有学者的风度，又有孩子的纯真。他从不虚伪，从不做作，表里如一，胸无城府。

在日军占领上海期间，傅雷“躲进小楼成一统”，他“东不至黄浦江，北不至白渡桥”，为的是“避免向日本宪兵行礼”。

在1947年、1948年两年夏季，傅雷都携妻儿前往庐山休养。那是因为他患肺病，遵医嘱需要疗养。

傅雷庐山疗养期间与夫人摄于庐山牯岭佛手岩御碑亭后侧（1947年7月）

朱梅馥与傅聪（十三岁）傅敏（十岁）在庐山寓所前（1947年8月）

傅雷在上海巴黎新村安安稳稳住了十四年。

极力推崇国画大师黄宾虹

傅雷除了翻译之外，还写了许多评论文章。他评论文学，评论美术，评论音乐，评论翻译作品。

在1942年至1943年，傅雷忙于以“美术批评家”的身份评论、推重黄宾虹。

中国画坛，素有“北齐南黄”之说。“北齐”，指的是齐白石；“南黄”就是黄宾虹。

黄宾虹（1864年－1955年），擅长山水画，而且在绘画理论方面也颇有造诣。黄宾虹原名黄质，字朴存。安徽歙县人，生于浙江金华。中年时，因故乡歙县有滨虹亭，所以自题居所为宾虹草堂，并更号为宾虹。从此，竟以号宾虹传世。

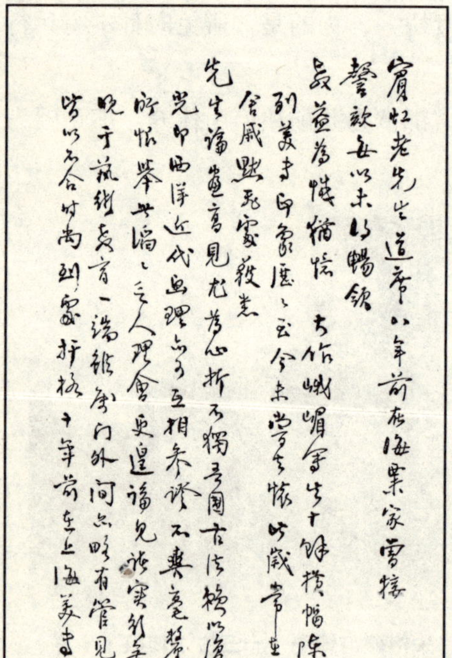

傅雷给黄宾虹的第一封信（1943年5月25日）

傅雷于1931年底出任上海美专办公室主任时，与黄宾虹相识，但傅雷离开美专后的十年中，黄宾虹出游写生，行踪无定，直至1943年暂居于北京，这对忘年交才开始书信往返不断，深厚的情谊逐渐形成。此时黄宾虹已是八十高龄，而傅雷才三十五岁。

傅雷从法国回国之后，在上海美术专门学校任办公室主任，而黄宾虹亦在上海美术专门学校任教，彼此结识了。黄宾虹年长傅雷四十四岁，傅雷尊黄宾虹为师长。不过，当时没有深交。

1939年5月下旬，傅雷在上海买到黄宾虹山水画册，第一次系统领略黄宾虹山水画之美，击掌而叹。从此，傅雷被黄宾虹山水画的魅力深深吸引。在这位“美术批评家”眼中，黄宾虹是中国画坛大师级的人物。傅雷给黄宾虹去信，赞赏黄宾虹的独特风格。于是，傅雷与黄宾虹之间有了书信来往。

在傅雷书信之中，除了写给傅聪之外，要算写给黄宾虹最多。现在保存下来的傅雷致黄宾虹信件，多达一〇一封！

1943年6月9日，傅雷在致黄宾虹的信中曾说：“晚蚤岁治西欧文学，游巴黎时旁及美术史，平生不能捉笔，而爱美之情与日俱增。”[19]正是这种与日俱增的“爱美之情”，促使傅雷写下《世界美术名作二十讲》，而且把爱美的目光投向中国国画，投向一代绘画大师黄宾虹。

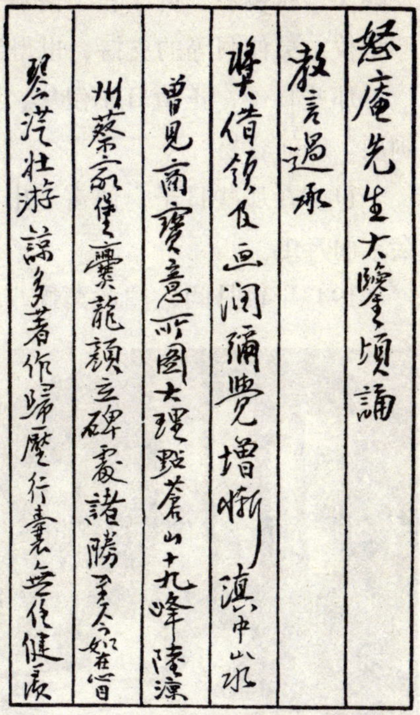
懋庵先生大鉴：顷诵教言，過承奖借，領及画润，彌覺增慚。滇中山水，曾見高寶意所圖大理點蒼山十九峰、陸涼州蔡家集爨龍顏立碑處諸勝，至今猶留琴涇，壯游詩多著作，歸壓行囊，無任健羨

1943年6月4日黄宾虹给傅雷的第一封回函。

黄宾虹的山水画，曾经风格几变：早年师法古人。中年之后着重师法自然。自五十至七十岁，他遍游名山胜境，留下了数以万计的写生图稿。这样，在七十岁以后，画风大变，作品浑厚华滋、意境深邃，自成一大家。黄宾虹在漫长的创作生涯中，自创一套绘画理论，总结出“平、留、圆、重、变”五字笔法和“浓、淡、破、泼、焦、积、宿”七字墨法。

傅雷作为“美术批评家”，非常赏识、推崇黄宾虹的绘画，尤其是晚年作品。傅雷发现，像黄宾虹这样的国画大师，竟然没有举行过画展！

于是，傅雷和黄宾虹的弟子裘柱常商议，在1943年，黄宾虹八十大寿之际，在上海举办了“黄宾虹秩诞辰书画展览会”，同时出版《黄宾虹先生山水画册》及《黄宾虹书画展特刊》。

⑲《傅雷全集·二十卷》，辽宁教育出版社2003年版。

傅雷和裘柱常从1942年开始筹备。他们的倡议得到黄宾虹先生的老朋友顾飞、张菊生、叶玉甫、陈叔通、张元济、高吹万、王秋湄、秦曼青、邓秋枚、吴仲洞等的支持，也得到远在北京的黄宾虹的首肯。

那些日子，正值日军侵华，上海处于“孤岛”时期，举办这样的大型画展，谈何容易？

也就在那些日子，傅雷走出书斋，为张罗“黄宾虹八秩诞辰书画展览会”而奔走。

1943年11月间，“黄宾虹八秩诞辰书画展览会”在上海西藏路上的宁波旅沪同乡会开幕。

傅雷当年独具慧眼，最早发现宾虹老人在艺术上的空前成就，为他筹备画展而四处奔走。1943年11月，傅雷与裘柱常等共同署名发起在沪举办“黄宾虹八秩诞辰书画展览会”。

“黄宾虹八秩诞辰书画展览会”会场一角，左侧为傅雷夫妇在观画。

傅雷化名“移山”，用典雅的文言文为《黄宾虹书画展特刊》写了《观画答客问》，以一问一答的形式，评论、介绍黄宾虹作品。傅雷之所以用文言文写作，是考虑到年已八旬的黄老先生习惯于用文言文，傅雷所有写给黄宾虹的信件都用文言文，所以这篇《观画答客问》也用文言文，更加显得庄重。

傅雷在《观画答客问》[20]一开头，就点出如何欣赏黄宾虹先生山水画：

客：黄公之画，山水为宗。顾山不似山，树不似树；纵横散乱，无物可寻，何哉？

⑳《傅雷全集·十八卷》，辽宁教育出版社2003年版。

曰：子观画于咫尺之内，是摩挲断碑残碣之道，非观画法也。盍远眺焉。

客：观画虽远，亦有说乎？

曰：目之视物，必距离相当而后明晰。远近之差，则以物之形状大小为准。览人气色，察人神态，犹需数尺外。今夫山水，大物也；逼而视之，石不过窥一纹一理，树不过见一枝半干；何有于峰峦气势？何有于疏林密树？何有于烟云出没？此郭河阳之说，亦极寻常之理。“不见庐山真面目，只缘身在此山中”，对天地间之山水，非百里外莫得梗概；观缣素上之山水，亦非凭几伏案所能仿佛。

客：果也。数武外：凌乱者，井然矣；模糊者，粲然焉；片黑片白者，明暗向背耳，轻云薄雾耳，暮色耳，雨气耳。子诚不我欺。然画之不能近视者，果为佳作欤？

曰：画之优绌，固不以宜远宜近分。董北苑一例，近世西欧名作又一例。况子不见画中物象，故以远觇之说进。观画固远可，近亦可。视君意趣若何耳。远以瞰全局，辨气韵，玩神味；近以察细节，求笔墨。远以欣赏，近以研究。

……

黄宾虹题赠给傅雷的画作

在《观画答客问》中，傅雷对黄宾虹的绘画特色，作了精辟的分析，可以说非常到位[21]：

黄氏兼采众长，已入化境，故家数无穷。常人足不出百里，日夕与古人一派一家相守；故一丘一壑，纯若七宝楼台，堆砌而成；或竟似益智图戏，东检一山，西取一水，拼凑成幅。黄公则游山访古，阅数十寒暑；烟云雾霭，缭绕胸际，造

[21]《傅雷全集·十八卷》，辽宁教育出版社2003年版。

化神奇，纳于腕底。故放笔为之，或收千里于咫尺，或图一隅为巨障，或写暮霭，或状雨景，或咏春朝之明媚，或吟西山之秋爽：阴晴昼晦，随时而异；冲淡恬适，沉郁慷慨，因情而变。画面之不同，结构之多方，乃为不得不至之结果。《环流仙馆》与《虚白山衔壁玉明》，《宋画多晦冥》与《三百八滩》，《鳞鳞低蹙》与《绝涧寒流》，莫不一轻一重，一浓一淡，一犷一纤，遥遥相对，宛如两极。

在文末，傅雷还特地声称："所赞黄公之词，尤属门外皮相之见，慎勿以为定论。"

傅雷一家和庞薰琹（后左一）、宋奇（后左四）、成家和（前左一）等在庐山（1947年7月）。

在傅雷、裘柱常等的努力之下，"黄宾虹八秩诞辰书画展览会"非常成功。会期五天，"签名者计六百余人，未签者约有三四倍。售画总数为一百六十件"。这样的成绩，在当年算是很不错的了。

傅雷曾说，"生平自告奋勇代朋友办过三个展览会"，一个是张弦遗作展览会；一个黄宾虹的八秩纪念画展；一个是庞薰琹的画展。其中，他最为用心、出力最多的，就是黄宾虹的八秩纪念画展。傅雷作为中国美术界的"局外人"，如此见义勇为主办了三次画展，为美术界人士所钦佩。

据庞薰琹夫人袁韵宜告诉笔者[22]，庞先生跟傅先生是早年在法国巴黎留学时经刘海粟介绍认识的。回国以后，庞先生和傅先生都参加了《决澜社》。那是美术界的一个团体。他们都在《决澜社宣言》上签名。

1932年9月15日，庞先生举办个人画展。傅雷在1932年9月14日写了《薰琹的梦》一文，全面评价了庞先生的作品。那篇文章发表在1932年9月《艺术旬刊》第一卷第三期上。

“五卅”惨案发生时，庞薰琹在上海法租界被捕。傅雷前来营救。他俩都会讲法语，总算使庞薰琹在当天获释。

后来，庞薰琹在上海开办了“薰琹画室”。有一天，傅雷急匆匆来到画室，告诉庞薰琹说，法国巡捕房在注意他。当时，画室在底楼、三楼住着进步文化人袁牧之、陈波儿。袁牧之、陈波儿是二十世纪三十年代著名电影《桃李劫》的男女主角，均为中共地下党员。庞薰琹得到傅雷告诉的消息，赶紧转移了。

傅雷为庞薰琹举办画展，是在1946年11月，地点特意选择在上海震旦大学大礼堂。其中的原因是1924年庞在震旦读书时，该校比利时神父发觉庞在学校放假时没有回家，庞正忙于学习绘画，神父道：“你们中国人成不了大艺术家！”庞当即回敬：“你等着瞧！”正因为这样，傅雷在震旦大学为庞薰琹举办画展，就是为了长中国人的志气。傅雷还特地写了《庞薰琹绘画展览会序》，发表于1946年11月17日上海《文汇报》。

傅雷除了组织三次画展之外，酷爱音乐的他，在1946年11月2日，与音乐家杨嘉仁教授、工程师裘复生共同发起梅百器“追悼音乐会”。梅百器是意大利音乐家、上海工部局交响乐队指挥、傅聪的钢琴老师。1948年秋，傅雷与作曲家沈知白、提琴教授陈又新、工程师裘复生等组织过作曲家“谭小麟遗作保管委员会”。

傅雷组织三次画展和悼念两位音乐家的活动，表明他对美术界和音乐界的深深介入。尽管傅雷不会绘画，也不会弹琴，但是对美术与音乐有着颇深的研究。如果说傅雷是一只鸟，翻译法国文学是他的躯干，而美术与音乐如同他的双翅。

㉒ 1985年6月20日在上海采访袁韵宜。

1946年11月2日，傅雷与友人共同发起，在沪举办意大利音乐家、上海工部局交响乐指挥、傅聪的钢琴老师梅百器的“追悼音乐会”。图为参加演奏的梅氏学生合影——傅聪（中）、周广仁（左二）、巫漪丽（右二）。

1948年5月中旬至6月2日，傅雷夫妇赴北平，拜访黄宾虹先生，“畅聆教益，观赏黄老宁元藏画”，至为欢惬。图为黄宾虹夫妇和傅雷夫妇合影于黄老宅院。

傅雷夫妇在北平故宫博物院前
（赵志钧先生拍摄）

自从主办黄宾虹的八秩纪念画展之后，傅雷与黄宾虹的关系更加密切。1948年5月中旬至6月2日，傅雷夫妇前往北平，与黄宾虹相聚甚欢。傅雷在黄宾虹处观画论艺。黄宾虹还派女婿赵志钧夫妇陪同傅雷夫妇参观故宫。

1954年11月初，傅雷前往杭州拜访黄宾虹，“连续在他家看了二天画”。

傅雷最后一次在杭州拜访黄宾虹夫妇，并于寓所小院内拍摄了这张照片（1954年11月10日）。

大约是傅雷对黄宾虹的画爱之太深了，所以一旦听到对于黄宾虹的非议，立即“怒”起来。作家施蛰存对黄宾虹晚年的画不以为然，太浓太黑，称之为“墨猪”。傅雷一听，把施蛰存训斥了一顿，认为施蛰存根本不懂画！尽管施蛰存在昆明见过傅雷如何对滕固发脾气，从此知道在傅雷面前讲话要“提高警惕”，不料这一回还是丧失了“警惕性”，惹得傅雷“怒”了起来……

傅雷对于国画的爱好、研究，兴趣一直很浓。1961年7月31日，他在给老朋友、侨居新加坡的画家刘抗写了一封长达万言的信，畅述自己对于中国画与西洋画的见解，道古论今，简直是一篇道地的美术论文[23]：

㉓《傅雷文集·书信卷》上卷，安徽文艺出版社1998年版。

……中国画与西洋画最大的技术分歧之一是我们的线条表现力的丰富，种类的繁多，非西洋画所能比拟。枯藤老树，吴昌硕、齐白石以至扬州八怪等等所用的强劲的线条，不过是无数种线条中之一种，而且还不是怎么高级的。倘没有从唐宋名迹中打过滚、用过苦功，而仅仅因厌恶四王、吴恽而大刀阔斧的来一阵“粗笔头”，很容易流为野狐禅。扬州八怪中，大半即犯此病。吴昌硕全靠“金石学”的功夫，把古篆籀的笔法移到画上来，所以有古拙与素雅之美，但其流弊是干枯。白石老人则是全靠天赋的色彩感与对事物的新鲜感，线条的变化并不多，但比吴昌硕多一种婀娜妩媚的青春之美。至于从未下过真功夫而但凭秃笔横扫，以剑拔弩张为雄浑有力者，直是自欺欺人，如大师即是。还有同样未入国画之门而闭目乱来的。例如徐悲鸿。最可笑的，此辈不论国内国外，都有市场，欺世盗名红极一时，但亦只能欺文化艺术水平不高之群众而已，数十年后，至多半世纪后，必有定论。除非群众眼光提高不了。

石涛为六百年（元亡以后）来天才最高之画家，技术方面之广，造诣之深，为吾国艺术史上有数人物。去年上海市博物馆举办四高僧（八大、石涛、石溪、渐江）展览会，石涛作品多至五六十幅；足下所习见者想系大千辈所剽窃之一二种面目，其实此公宋元功力极深，不从古典中“泡”过来的人空言创新，徒见其不知天高地厚而已（亦是自欺欺人）。道济写黄山当然各尽其妙，无所不备，梅清写黄山当然不能与之颉颃，但仍是善用中锋，故线条表现力极强，生动活泼。来书以大师气魄豪迈为言，鄙见只觉其满纸浮夸（如其为人），虚张声势而已，所谓trompe-l’oeil。他的用笔没一笔经得起磨勘，用墨也全未懂得“墨分五彩”的nuances与subtilite以我数十年看画的水平来说：近代名家除白石、宾虹二公外，余者皆欺世盗名；而白石尚嫌读书太少，接触传统不够（他只崇拜到金冬心为止）。宾虹则是广收博取，不宗一家一派，浸淫唐宋，集历代各家之精华之大成，而构成自己面目。尤可贵者他对以前的大师都只传其神而不袭其貌，他能用一种全新的笔法给你荆浩、关同、范宽的精神气概，或者是子久、云林、山樵的意境。他的写实本领（指旅行时构稿），不用说国画家中几百年来无人可比，即赫赫有名的国内几位洋画家也难与比肩。他的概括与综合的智力极强。所以他一生的面目也最多，而成功也最晚。六十左右的作品尚未成熟，直至七十、八十、九十，方始登峰造极。我认为在综合前人方面，石涛以后，宾翁一人而已（我二十余年来藏有他最精作品五十幅以上，故敢放言。外间流传者精品十不得一）。

从傅雷的这封信中仍可看出，，随着时间的推移，随着他对“宾翁”——黄宾虹相知日深，他对于黄宾虹作品的评价也越高。

直言不讳评论张爱玲

傅雷以“美术批评家”的目光评论美术。他也同样批评文学。文如其人。傅雷的评论跟他的性格一样直言不讳。

柯灵曾经回忆道[24]：

傅雷的脾气，很多人都说有点怪。其实，他是很有原则性的。

我记得，抗日战争期间，上海沦陷了，我在上海编《万象》。傅雷寄来一篇稿子，内中有一小段是批评上海作家巴金的，我把它删掉了。傅雷很恼火，要我登报说明。他认为这是原则性问题。

后来，他给黄宾虹开画展，寄来几篇文章。我觉得这些文章的学术性太强，只登了一篇。对此，他倒没有什么意见。这说明他其实是很通情达理的。一些非原则性的事，他是很好说话的。

《万象》书影

㉔ 1985年1月1日，在北京采访老作家、傅雷好友柯灵。

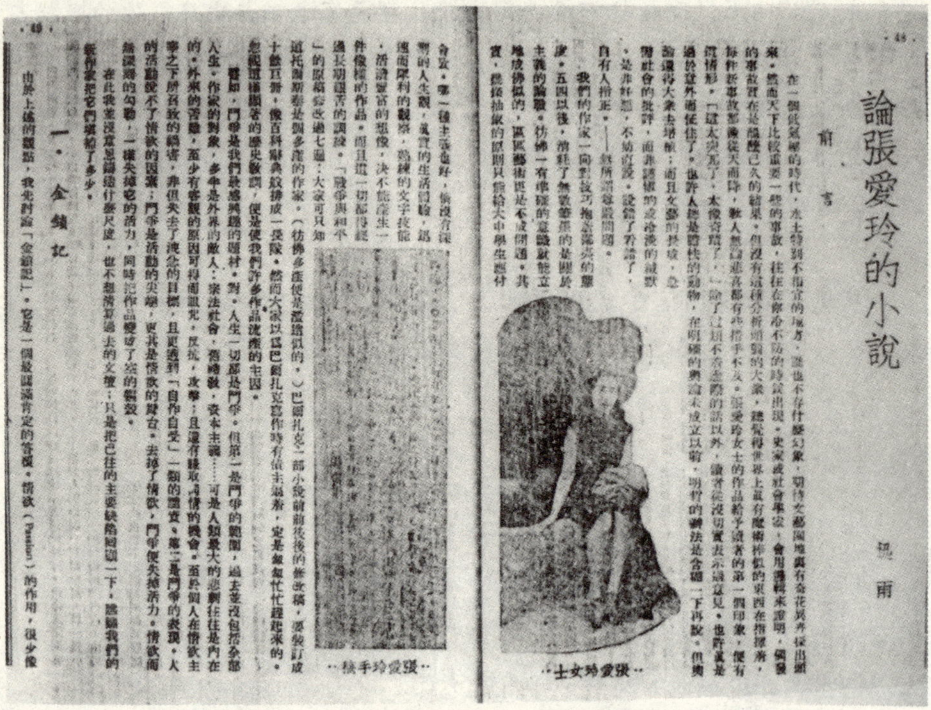

· 48 ·

論張愛玲的小說

迅雨

前言

張愛玲女士

張愛玲手迹

一、金鎖記

· 49 ·

1944年傅雷在柯灵主编的《万象》5月号发表《论张爱玲的小说》，署笔名“迅雨”。

在傅雷的文学评论之中，最有代表性的是1944年发表于柯灵主编的《万象》五月号的《论张爱玲的小说》，署笔名“迅雨”。

如今，“张潮”在中国汹涌。张爱玲的小说，被“张迷”们捧到了过分的地步——尽管这是对解放后对张爱玲的小说一度实行“禁印”的“反其道而行之”，把张爱玲从地狱捧到了至高无尚的“文学皇后”的地位。仿佛“上海文学=张爱玲”或者“张爱玲=上海文学”。就连2004年出版一本张爱玲本人生前都并不看好、甚至不想出版的遗作，也要吹吹打打在中国文坛喧闹一番。

在种种“张评”之中，我以为有两篇文章是最有份量的：一篇出于柯灵之手；一篇出自傅雷笔下。

柯灵的文章最初发表于1986年第三期《收获》杂志，题为《遥寄张爱玲》，那是在中国大陆张爱玲沉寂了三十年之后，第一个为张爱玲及其作品说了一番公道话。这期《收获》杂志，同时重新刊出张爱玲的小说《倾城之恋》。

柯灵曾回忆说[25]，他第一次注意起“张爱玲”这陌生的名字，是在1943年夏天。他从周瘦鹃主编的《紫罗兰》杂志上，见到署名张爱玲的《沉香屑——第一炉香》。他发现，这位新冒出来的女作家，颇有才华。不久，一位穿了一身淡雅的丝质碎花旗袍的小姐，来到柯灵主编的《万象》编辑部，把自己的一篇小说新作《心经》交给柯灵。使柯灵吃惊的是，连小说的插图，都是这位小姐自己画的。柯灵从小姐的自我介绍中得知，她就是张爱玲。

傅雷挚友、作家柯灵
（叶永烈摄）

柯灵看了小说，觉得很不错，插图也好，就在《万象》上全文发表了。从此，柯灵与张爱玲有了许多交往。

柯灵在《遥寄张爱玲》中，提到了他当年主编《万象》，发表了傅雷以笔名“迅雨”对张爱玲小说的评论[26]：

《万象》上发表过一篇《论张爱玲的小说》，作者“迅雨”，是傅雷的化名，现在已不成为秘密，这是老一辈作家关心张爱玲明白无误的证据。他高度评价她艺术技巧的成就，肯定《金锁记》是“我们文坛最美的收获之一”，同时对《连环套》提出严格的指责。一褒一贬，从两个不同的站头出发，目标是同一终点——热情期待更大的成就。“没有《金锁记》，本文作者决不在下文把《连环套》批评得那么严厉，而且根本也不会写这篇文字。”如果我们对傅雷素昧平生，凭这几句话，也可以帮助了解他对人生和艺术的态度。张爱玲的反应，是写了一篇随笔，远兜远转，借题发挥，实质是很不礼貌地回答说：“不！”很久以前，文坛上流

㉕ 谷韦，《柯灵与张爱玲》。

㉖ 柯灵《遥寄张爱玲》，引自柯灵《墨磨人》，三联书店1991年版。

行过一句玩笑话："老婆人家的好，文章自己的好。"张爱玲这篇随笔的题目，就叫做《自己的文章》，后来收在散文集《流言》里。现在经过迢迢四十年，张爱玲本人对《连环套》提出了比傅雷远为苛刻的批评。其实傅雷的议论，还有个更高的立足点，那就是以张爱玲之所长，见一般新文学作品之所短，指出"我们的作家一向对技巧抱着鄙夷的态度。'五四'以后，消耗了无数笔墨的是关于主义的论战。仿佛一有准确的意识就能立地成佛似的，区区艺术更不成问题。"一扬一抑，有一段还涉及巴金的作品。我以为未必公允恰当，利用编辑的权力，把原稿擅自删掉一段，还因此惹恼了傅雷，引起一场小风波。我在1978年写的《怀傅雷》一文中，已经提到这件事，这里不再重复。

唐文标在《张爱玲研究》一书中说到：傅雷的文章一经刊出，《连环套》就被"腰斩"，以后张爱玲也不再在《万象》出现。他看到了事实，却没有阐明真相。《连环套》的中断有别的因素，并非这样斩钉截铁。我是当事人，可惜当时的细节已经在记忆中消失，说不清楚了。但有一点确切无误：我和张爱玲接触不多，但彼此一直怀有友好的感情，不存在任何芥蒂。有事实为证。

柯灵的文章，写及张爱玲本人对傅雷评论的反应。尽管当时张爱玲不屑于傅雷的批评，但是四十年后毕竟"张爱玲本人对《连环套》提出了比傅雷远为苛刻的批评"。

傅雷的评论《论张爱玲的小说》，是柯灵约傅雷写的，还是傅雷主动写了寄给柯灵，不得而知。不过，从柯灵对张爱玲的关注，从一年前柯灵主编的《万象》就发表张爱玲亲自送来的小说，很可能是柯灵约傅雷写的。

值得注意的是，傅雷的评论《论张爱玲的小说》发表于1944年5月号柯灵主编的《万象》，正值张爱玲文学创作最辉煌的那两年1943～1945之中。

在这篇评论中，傅雷对张爱玲的小说，有肯定，有批评，实事求是，非常中肯。

傅雷在文章一开头就说，对于“张爱玲女士的作品”，“急需社会的批评，而非谨虑的或冷淡的缄默。是非好恶，不妨直说。说错了看错了，自有人指正。——无所谓尊严问题。”[27]

傅雷首先评论张爱玲的《金锁记》，指出：“情欲（passion）的作用，很少像在这件作品里那么重要。”

傅雷剖析《金锁记》的主角曹七巧，认为：

“从表面看，曹七巧不过是遗老家庭里一种牺牲品，没落的宗法社会里微末不足道的渣滓。但命运偏偏要教渣滓当续命汤，不但要做儿女的母亲，还要做她媳妇的婆婆，——把旁人的命运交在她手里。”

“她是担当不起情欲的人，情欲在她心中偏偏来得嚣张。”

“最初她用黄金锁住了爱情，结果却锁住了自己。爱情磨折了她一世和一家。她战败了，她是弱者。”

傅雷指出，在《金锁记》中，“结构，节奏，色彩，在这件作品里不用说有了最幸运的成就。”

傅雷很欣赏张爱玲的“节略法”：

“作者的节略法（racconrci）的运用：风从窗子进来，对面挂着的回文雕漆长镜被吹得摇摇晃晃。磕托磕托敲着墙。七巧双手按住了镜子。镜子里反映着翠竹帘和一幅金绿山水屏条依旧在风中来回荡漾着，望久了，便有一种晕船的感觉。再定睛看时，翠竹帘已经褪色了，金绿山水换了一张丈夫的遗像，镜子里的也老了十年。

“这是电影的手法：空间与时间，模模糊糊淡下去了，又隐隐约约浮上来了。巧妙的转调技术！”

傅雷高度赞扬《金锁记》：“毫无疑问，《金锁记》是张女士截至目前为止的最完满之作，颇有《狂人日记》中某些故事的风味。至少也该列为我们文坛最美的收获之一。”

事实证明《金锁记》确实是张爱玲“最完满之作”。在半个多世纪之后，《金锁记》被拍成电视连续剧，并在2004年由作家王安忆改编为话剧

㉗《傅雷全集·十七卷》，辽宁教育出版社2003年版。

在上海演出，清楚表明了《金锁记》的魅力和影响。

傅雷接着评论张爱玲的《倾城之恋》，以为那只是“一个‘破落户’家的离婚女儿，被穷酸兄嫂的冷潮热讽撵出母家，跟一个饱经世故，狡猾精刮的老留学生谈恋爱。”

傅雷指出：“《倾城之恋》给人家的印象，仿佛是一座雕刻精工的翡翠宝塔，而非莪特式大寺的一角。美丽的对话，真真假假的捉迷藏，都在心的浮面飘滑；吸引，挑逗，无伤大体的攻守战，遮饰着虚伪。男人是一片空虚的心，不想真正找着落的心，把恋爱看作高尔夫与威士忌中间的调剂。女人，整日担忧着最后一些资本——三十岁左右的青春——再另一次倒帐；物质生活的迫切需求，使她无暇顾到心灵。这样的一幕喜剧，骨子里的贫血，充满了死气，当然不能有好结果。疲乏，厚倦，苟且，浑身小智小慧的人，担当不了悲剧的角色。麻痹的神经偶尔抖动一下，居然探头瞥见了一角未来的历史……”

傅雷并不看好《倾城之恋》。在他看来，“《倾城之恋》的华彩胜过了骨干；两个主角的缺陷，也就是作品本身的缺陷。”

傅雷尖锐地批评当时尚在连载之中的张爱玲的长篇小说《连环套》。傅雷以为：

“《连环套》的主要弊病是内容的贫乏。已经刊布了四期，还没有中心思想显露。霓喜和两个丈夫的历史，仿佛是一串五花八门，西洋镜式的小故事杂凑而成的。没有心理的进展，因此也看不见潜在的逻辑，一切穿插都失掉了意义。”

“除开最初一段，越往后越着重情节，一套又一套的戏法（我几乎要说是噱头），突兀之外还要突兀，刺激之外还要刺激，仿佛作者跟自己比赛似的，每次都要打破上一次的纪录，像流行的剧本一样，也像歌舞团的接一连二的节目一样，教读者眼花缭乱，应接不暇。描写色情的地方，（多的是！）简直用起旧小说和京戏——尤其是梆子戏——中最要不得而最叫座的镜头！”

傅雷翻译了那么多外国文学名著，具有很高的文学鉴赏水平。正因为这样，他对于张爱玲小说的评析，十分到位，十分精辟。何况傅雷性格直率，所以他的文学评论不遮不掩，好处说好，坏处说坏，尖锐泼辣，独具慧眼。

“围剿”国民党警察局长

1945年8月，漫长的八年抗战终于画上了句号。在上海，戴大盖帽的国民党警察取代了戴钢盔的日本宪兵。

1946年，还是那位柯灵，在他主编的《周报》上，发动了一场对国民党警察局长的“围剿”。

那是我在读《柯灵散文选》时，读到其中的《钱钟书创作浅尝》一文，内中有这么一小段文字：

“我想在这里说一个小掌故。一九四六年，解放战争期间，上海警察局长兼警备司令宣铁吾下令实行‘警管区制’，规定警察可以随时访问民家，不便公开的目的是为了‘防共’。宣铁吾在报上宣言，英、美、法、德等民主国家都能施行这种制度，并非他的独裁。当时《周报》组织了一次对这位警察局长的‘围剿’，那就是由通晓欧美各国国情的朋友一一为文反驳，参加这次‘围剿’的，就有钟书、李健吾、傅雷、乔冠华等人，好像还有姜椿芳。钟书用的是‘邱去耳’的化名。”

这段话涉及傅雷，引起我的注意。正巧，我常去图书馆查阅旧报刊，于是顺便查证了这则“小掌故”。

我在1946年5月18日出版，由唐弢、柯灵主编的《周报》第三十七期上，查到了“警管区问题特辑”。封面上登着丁聪的漫画《彻底的“警管制”》，对所谓“警管制”进行了辛辣的讽刺——老百姓所“享受”的，只是警棒下的“民主”而已！

“特辑”以醒目的地位转载了同年5月11日《新闻报》上宣铁吾“局长大人”的“妙文”——《论警管区与住居自由》：

“最近自报载上海市警察局将于六月一日起实施警管区制的消息以

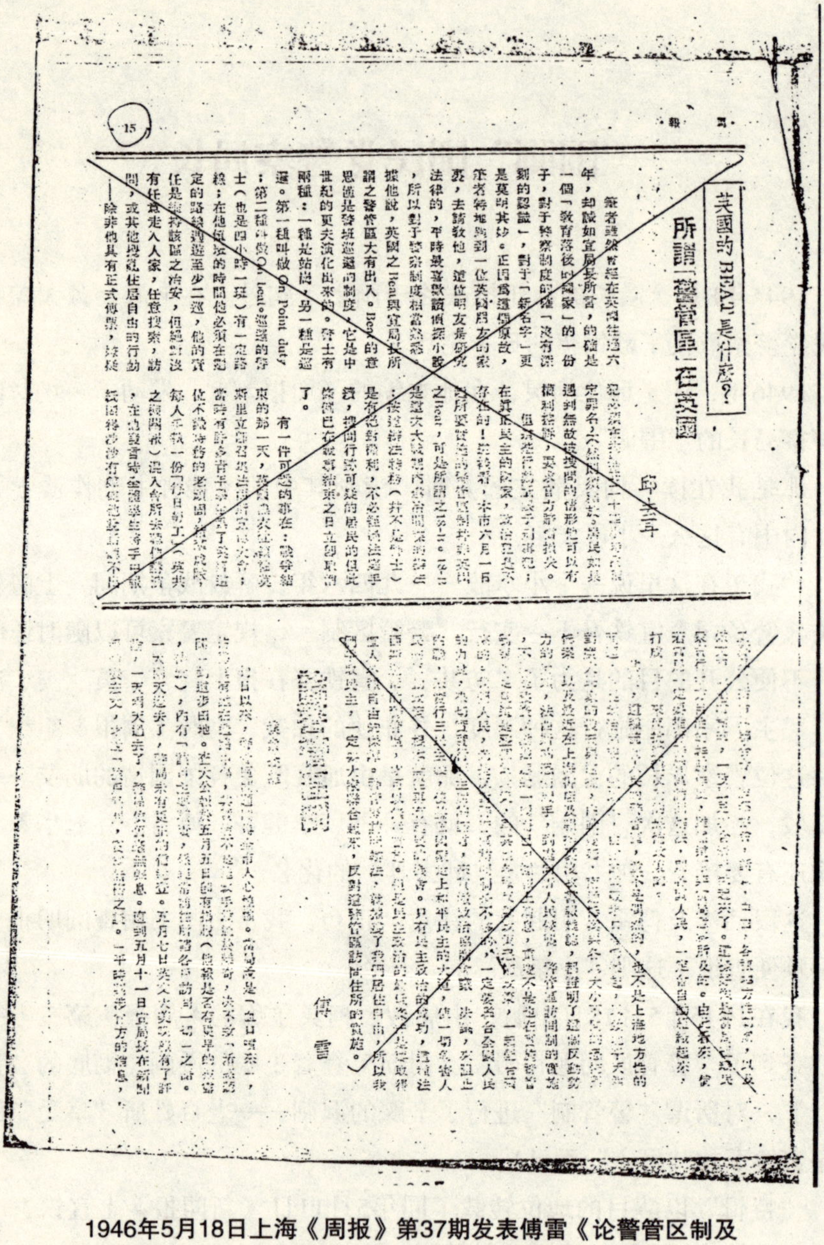

1946年5月18日上海《周报》第37期发表傅雷《论警管区制及邱去耳》（即钱锺书）、《所谓“警管区”在英国》

后，跟着就有很多似是而非之论，说什么‘法西斯的遗毒’，又说什么‘天真的警局理论’，血口喷来，简直使人无法抵挡。其实这个消息，从何而来，挨户访问的办法，究在何处，或者由人代订，连警局本身也莫名其妙。笔者深恐淆惑听闻，影响治安，故不得不根据警察学理及法律立场，对本题有所阐述：

“所谓警管区，广义言之，是整个警察局的管辖区，狭义言之，是每一个警士的警务区，凡是世界上设有警察的国家，无论民主集权都有这种区域的划分。在英美名为Post或Beat,在苏联为Okoromok，在德奥为Revier，在法国为Rayon，名称不同，意义则一。它是一个管辖单位，也是警察的基层组织，凡是研究警察或者办理警察的人，都了解它的意义，并且认识它的重要性，可是我们是一个教育落后的国家，国民对于警察没有深刻的认识，新名字(似为‘词’字之误——《周报》编者)易引起误会，已成为司空见惯之事。”

这位警察局长摆出一副“学贯中西”的面孔，进行一番广征博引之后，道出了本意：“警管区的意义既经阐明，那是否需要‘抗议’，也就用不着申述了。”

最后，“局长大人”进而得出如下结论：

“人民之住所，依照法律，可以侵入、搜索，或封锢，又岂仅访问而已！”

我拜读了“特辑”中的其他文章，恍然大悟，明白了《周报》编者干嘛以头条地位转载上海警察头子的文章：原来，那是为了树起一块靶子。

假和尚怕念真经。警察局长引经据典，只能吓唬“教育落后之辈”。《周报》编辑延请精通西洋文化的几位进步学者，无情地剥下了“局长大人”那无知的外衣。

萧思明的《苏联也有所谓“警管区制”吗?》一文，针锋相对地指出：

“照宣局长的文章看，说这种警管区制‘在苏联名为Okoromok”，笔者为此事下了一点小功夫来研究一番。首先主当现宣局长写了一个大错字，俄文字典中并没有‘Okoromok’这个字，有的却是另外一个字：

'Okolotok"(这两个字差别很大，可以断定不是平民的误植，而且直到今天，也未见更正)。什么是'Okolotok'呢?据字典中的解释，这是帝俄时代大都市中的警察区域的单位。请注意：这里讲的是帝俄，并不是苏联，那么我们进而就可以说，这个所谓'Okolotok'的制度，是早已和沙皇的暴政'寿终正寝'将近三十年了……"

邱去耳(即钱钟书)的《所谓"警管区"在英国》一文，从另一个角度批驳宣铁吾，行文颇为幽默：

"笔者虽然曾经在英国住过六年，却诚如宣局长所言，的确是一个'教育落后国家'的一分子，对于'新名词'更是莫名其妙。正因为这个缘故，笔者特地跑到一位英国朋友的家里，去请教他，这位朋友是研究法律的，平时最喜欢读侦探小说，所以对于警察制度相当熟悉。据他说，英国之Beat与宣局长所谓之警管区大有出入。Beat的意思仅是警班巡逻的制度，它是中纪的更夫演化而来的。警士……他的责任是维持该区之治安，但绝对没有任意侵入人家，任意搜索，访问，或其他搅乱住居自由的行动……"

曾经留学法国的傅雷写了《论警管区制》一文，措词十分激烈，笔下毫不客气：

"旬日以来，警管区问题闹得全市人心惶惶。当局说是'血口喷来'，仿佛真有谁在造谣中伤，其实倘不是施政手段过于离奇，决不致'淆惑听闻'到这步田地……

"所谓警管区，宣局长说务国皆有实例。查法国警察并无此种组织，惟宣局长所提出的Rayon一词，却略有端倪可寻……"

傅雷查阅了法国"行政法"指出，在法国，即使是专司预防严重刑事案件的"流动警察"(Police mobile)，也无"以访问为名擅入人家之权"。

傅雷尖锐地指出：

"其实，我们明知道这制度(指警管区制——引者注)是真正有它的来历的，不过当局还不好意思明白宣布罢了。中国历史上蒙古人入主中华奴化汉人，便是用的这套法宝。日本人对付吾国的台湾人和'满洲人'，也是这一套。这些来历可惜皆非‘先王之法’，而是夷鍬之邦对付亡国奴的枷锁，所以当局只好迂回一番，借用英美法苏等幌子唬一唬我们这个“教育落后’国家的民众！”

萧思明、邱去耳、傅雷等人的文章，以亲身的国外经历，有力地指出宣铁吾的“警管区制”非苏、非英、非法、非美，实乃纳粹德国的Revier的中国版。谎言的篱笆，挡不住真理的光芒。进步文人成功地从四面八方对伪警察局长进行了“围剿”，驳得那位色厉内荏的“局长大人”体无完肤，从绣花枕头里抖漏出稻草芯！

我读罢《周报》的“警管区问题特辑”，深深敬佩组织这场“围剿”的编者和挥戈上阵的进步学者。须知，这场“大批判”，锋芒直指身为“上海警察局长兼警备司令”的宣铁吾，可谓“虎口拔牙”、“太岁头上动土”。

警察局长被激怒了，视《周报》为眼中钉，终于撕下“言论自由”的假面具。“八月三十日第四十八期出版那天，警察局就派大批警察驾卡车一辆，到代发行的五洲书报社，把所有的《周报》没收了……”

《周报》创刊于1945年11月15日，到了1946年8月24日，印出第四十九、五十期合刊——休刊号。

在休刊号上，主编唐弢、柯灵写了《暂别读者》一文，对伪警察局进行了绝妙的讽刺：“当十九世纪欧洲各国盛行压迫舆论的政策时，讽刺家沙飞(Saphir)曾说，‘只有做梦时无检查，只有打鼾时无警察’。对于这种情形，实令人不胜向往，因为在二十世纪的中国，即使做梦打鼾，也还有检查和警察的……”

典屋卖田携全家前往昆明

国民党在上海统治了几年，上海局势日益混乱。尤其是到了1948年下半年，中国人民解放军给了国民党军队致命的打击，上海处于大动荡之中。红旗飘扬在大上海上空，只是个时间问题。

面对中国人民解放军的节节推进，上海的国民党党政要员以及官僚资本家，纷纷选择了逃往台湾之路。上海那些不愿在红色政权之下生活的知识分子，则选择了迁居香港。一时间，前往台湾、香港的机票、船票、车票，一票难求。

就在这大动荡的时刻，1948年11月，傅雷作出了一个“大动作”：把吕班路巴黎新村四号“顶”（典）给别人，全家迁往昆明。

傅雷“顶”了巴黎新村的房子，同时又卖了浦东的田，这意味着全家离开故乡上海，而且这不是短时间的离开。

究竟是什么原因使傅雷作出这样的决定？

原因之一是战火已经逼近大上海，这里处于一片混乱之中。当年在日军发动“八·一三”事变前夕，傅雷便曾经带家眷逃离上海，前往广西。

原因之二是傅雷在十年前去过昆明，在那里住了三个月，觉得那里不错。

内中最主要的原因，是傅雷所说的：“适友人宋奇拟在昆明办一进出口行，以我为旧游之地，嘱往筹备。”[28]

这寥寥数语，见于傅雷在1957年“反右派斗争”中所写交代材料中。

所谓“进出口行”，也就是今日所说的“进出口公司”。向来以译文为生、从无经商经验的傅雷，怎么一下子从上海携全家到昆明担任筹备“进出口行”的重任呢？

宋奇，其父为宋春舫。

宋春舫是中国现代著名戏剧翻译家、理论家、藏书家。早年留学瑞士，回国后任清华、北大教授。1928年从北京到青岛，任青岛大学（山东大学的前身）图书馆馆长。

宋奇(1919–1996)，从二十世纪六十年代后常用宋淇，笔名宋悌芬、欧阳竟、余怀、杨晋等，浙江吴兴人，先后就读于上海光华大学、北平燕京大学西语系。人们通常称之为“诗人、学者、散文家、翻译家”。他还是

㉘ 傅雷自述，《傅雷全集·十七卷》，辽宁教育出版社2003年版。

著名的红学家，他红学专著《红楼梦识要——宋淇红学论集》，受到红学界的推重。

宋奇本人，就在1948年从上海移居香港。

1948年夏傅雷因患肺病二上庐山休养，图为疗养期间在庐山牯岭河西路五十号C住所修改所译巴尔扎克的《欧也尼·葛朗台》。

1996年，宋奇在香港故世之后，以他的名字设立的“宋淇翻译研究论文纪念奖”，由“文化与翻译国际学术研讨会”、翻译研究中心与北京大学合办，一年一度评奖，已经进入第五届了。

杨绛在回忆傅雷时，曾谈及在上海宋淇家中识傅雷[29]：

“抗战末期、胜利前夕，钱锺书和我在宋淇先生家初次会见傅雷和朱梅馥夫妇。我们和傅雷家住得很近，晚饭后经常到他家去夜谈。”

不过，宋奇广为人知的，倒是他的常用笔名林以亮。自从2004年张爱玲的尘封二十六年的遗作《同学少年都不贱》问世以来，林以亮这名字频频见诸于媒体。因为这部中篇小说手稿，就是宋淇的夫人在整理宋淇的遗物中发现的。然而，媒体却几乎不提宋奇、宋淇这本名，而是提林以亮这笔名。

1995年9月8日，也就是中国的传统节日中秋节，张爱玲在美国洛杉矶逝世，终年七十四岁。张爱玲生前写好遗嘱：尽速火化；骨灰撒于空旷原

㉙ 杨绛，《忆傅雷》，金圣华编《傅雷与他的世界》，北京三联书店1996年版。

野；遗物“留给”宋淇、邝文美夫妇处理。这样，宋淇、邝文美夫妇就成为张爱玲著作权的法定继承人。

宋淇、邝文美夫妇为什么会如此得到张爱玲的信任？

那是在1952年，张爱玲用本名张瑛以去香港完成学业为由离开上海，获准前往香港。在香港，张爱玲为了维持生活，给美国新闻处“打工”——作文字翻译。当时担任美国新闻处编译部主任的正是宋淇。她结识了宋淇、邝文美夫妇。他们给了张爱玲极大的关爱和帮助。张爱玲在香港生活三年，与宋淇、邝文美夫妇过从甚密，成为挚友。张爱玲不少作品都是交给宋淇，请他过目把关、安排刊登。《同学少年都不贱》就是其中的一部。张爱玲曾说：“《同学少年都不贱》这部小说除了外界的阻力，我一写出就发现它本身毛病很大，已经搁开了。”正因为这样，这部小说的手稿，一直保留在宋淇那里。

张爱玲去美国之后，宋淇也一直与她保持联系，而且给予许多帮助。正是由于宋淇的大力推荐，在张爱玲去世前，1991年至1994年，《张爱玲全集》由台湾皇冠出版社出版。

1948年11月，傅雷是应宋奇（即宋淇）之邀，全家前往昆明，下榻于昆明商务酒店。傅雷在1957年的那份“反右派斗争”的交代之中，这么写道[30]：

“所谓办进出口行，仅与当地中国银行谈过一次话，根本未进行。全家在旅馆内住了七个月，于一九四九年六月乘飞机去香港，十二月乘船至天津，转道回沪，以迄于今。当时以傅聪与我常起冲突，故留在昆明住读，托友人照管，直至一九五一年四月方始回家。”

“我去昆明虽受友人之托，实际并未受他半文酬劳或津贴。”

转了一大圈还是回到上海

傅雷此行此举，是前所未有的。他卖田典屋，携家带眷到昆明，又转

㉚傅雷自述，《傅雷全集·十七卷》，辽宁教育出版社2003年版。

香港，前后达一年零一个月，居然是为了“筹备进出口行”——与他的专长毫不相干。这次傅雷全家昆明、香港之行，长期住旅馆，耗费了傅雷许多财力，却无分文收入。

其实，傅雷此行，卖田典屋，携妻带儿，是否借此像宋奇那样迁往香港？

傅雷的妻舅朱人秀解放前是中共地下党员，他在接受笔者的采访时说[31]：“在当时，傅雷不了解党的政策，而且受当时右翼朋友的影响。”

傅雷是抗日的，这毫无疑义；傅雷也是反对国民党统治的，这有他发表在《周报》上的文章为证。然而，傅雷对于共产党的态度，在当时毕竟还是有些犹豫，尽管傅雷的许多交往甚切的朋友都是中国共产党党员，内中包括柯灵、朱人秀、楼适夷。

傅雷跟别的文人不同，他从母亲那里继承了那么多的土地。虽然由于翻译稿费不够家用，入不敷出，他曾经卖掉不少土地，但是毕竟还有一些没有卖掉。朱人秀还对笔者说，当时在苏北解放区进行土改，斗地主，分田地。消息传来，促使傅雷决心卖田典屋，离开上海。他带全家去昆明，是想借西南一隅观察一下形势、战局，最后还是去香港。

朱人秀说，当时中共通过陈叔通、马叙伦，劝傅雷回来。

傅雷决定回来的另一原因，是在香港找不到合适的工作。倘若1949年傅雷能够在香港谋得一个有着稳定收入的职务，傅雷全家也许就留在香港，也就不会发生他在“反右派”和“文革”中的悲剧，也就不存在傅聪出走的悲剧。

张爱玲与傅雷不同。她在上海解放时还留在上海，而且还出席了上海市第一届文代会。这个以衣着新潮著称的女作家，那一回只穿了一件最普通的旗袍，披了一条白色网眼披巾，在“文代会”那蓝色中山装的海洋里，还是显得那么不合群。她在红色政权之下，实在过不惯。不久，她想方设法从上海到了香港，从此她逃避了“反右派”和“文革”的煎熬。倘

---

[31] 1983年9月5日在上海采访朱人秀。

若她留在上海，她的命运必定会比傅雷更加悲惨。

傅雷转了一大圈。1949年12月初，傅雷一家从香港乘船时，绕台湾外圈，经韩国仁川，花了十一个昼夜，这才到达天津。他从天津到北京访友，再从北京回到天津。

据杨绛回忆[32]，傅雷去北京访友时，“吴晗希望傅雷能留在清华教授法语，请双方的老朋友钱钟书夫妇作说客。但傅雷不愿教法语，只愿教美术史。可是清华当时没这门课，傅雷对教学也不热心，就回上海继续干他的翻译工作。”

寒冬腊月，天津朔风呼啸，而南下的火车票极难买到。那时候，从天津到上海，竟然要乘坐两天两夜的火车……

1949年12月20日，傅雷一家毕竟还是回到了故乡上海。

这时，五星红旗已经在上海飘扬。

上海巴黎新村的房子已经“顶”掉，无法入住。他租了上海江苏路284弄5号的房子。

那是一幢私人所有的三层花园洋房，房东是香港宋奇之父宋春舫。

解放后，有公职的人住公家分配的住房，房租低廉，通常每月一、两元人民币而已。然而，傅雷无公职，也就无法享受“福利分房”的优惠。私房的租金要贵得多。傅雷每月要付55.29元人民币的房租，这房租相当于当时大学生毕业之后的月工资。

傅雷租的是底楼以及顶层的一间。傅敏曾回忆说：“解放后，我们的住房是问宋琪家租的，宋琪的母亲住在二楼，三楼的正房，是我的卧房，另有几间是宋家堆杂物的地方。”

从此，他那里既是他的家，又是他的书斋的所在。

我曾经几度来到上海江苏路284弄5号傅雷旧居。那幢房子依旧，但是自从傅雷夫妇弃世之后，已经迁入新的住房，屋里的布局已非当年。所幸细心的傅敏在1983年根据回忆绘制了一张详图送我，使我能够知道当年傅雷家的陈设布局。有了傅敏的这张“傅家导游图”，加上当年在这里拍摄的老照片，使我得以觑见傅雷故居当年的风貌……

㉜ 杨绛，《忆傅雷》，金圣华编，《傅雷与他的世界》，北京三联书店1996年版。

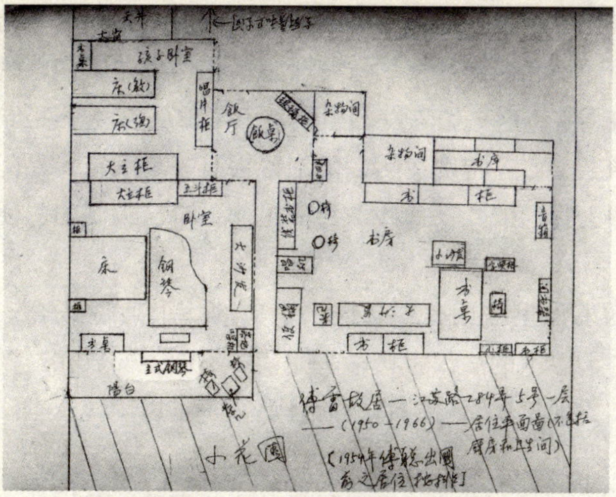

傅敏绘制的上海江苏路傅雷住宅详图

用今日的住房观念来看，傅雷住房属于三房一厅。此外，还有阳台、储藏室、天井、卫生间、厨房。跟傅雷的巴黎新村旧居相比，显然不及那三层楼房宽敞。

灭顶之灾终于来临。1966年9月3日凌晨，傅雷夫妇在被红卫兵、造反派斗了三天三夜之后，愤然离世。这是作者从对面楼顶俯摄的上海江苏路傅宅。当时傅雷住在底层。被中间的一棵树遮住的钢窗，便是傅雷夫妇上吊自杀之处（叶永烈摄）。

我注意到，与众不同的是，傅雷夫妇的卧室里，与双人床紧紧挨在一起的是一架七尺半的三角钢琴。在傅聪、傅敏兄弟俩的卧室里，除了两张单人床之外，有一个唱片柜。在封闭了的阳台里，有一架小钢琴。三角钢琴、小钢琴和唱片柜，显然是为傅聪学琴而准备的。

屋里最大的空间是客厅。除了安放一套沙发之外，傅雷家的客厅也与众不同，客厅的三分之一的面积是用作傅雷的书房，安放着写字桌、工具书柜、字典书橱。墙边，安放着“顶天立地”的八层书柜，从地板一直延伸到天花板。客厅的一角，还安放着大部头的二十四史和四部丛书。与客厅紧紧相连的储藏室，既是傅雷的藏书室，又是藏画室。这一切陈设，当然是为傅雷从事译著而准备的。

傅敏在图纸上，还特别注明，父亲傅雷有一个木箱，专门用来存放巴尔扎克小说中人物的卡片。这些卡片都是傅雷自己编制的，便于在翻译时参考。

在傅雷的书房里，还有“翻查大字典的一个高脚桌子”。这是傅雷自己设计的。大厚本的法汉字典，查阅诸多不便。安放在这样的高脚桌子的斜坡板面上，便于人站着翻看，而且那架子可以旋转，查阅起来方便多了。

他在那里度过了十六个春秋。傅雷的主要译作，是在这里完成。《傅雷家书》，是在这里写出。

杨绛曾说[33]：“我很羡慕傅雷的书斋，因为书斋的布置，对他的工作具备一切方便。经常要用的工具书，伸手就够得到，不用站起身。沿墙的书橱里，排列着满满的书可供参考。书架顶上一个镜框里是一张很美的梅馥的照片。另有一张傅雷年轻时的照片，是他当年赠给梅馥的。”

在“文革”中，傅雷与妻子朱梅馥双双在上海江苏路284弄5号走上生命的终点。

我曾经建议，把上海江苏路284弄5号傅雷故居，按照傅雷生前原貌布置，辟为“傅雷纪念馆”。然而，据说建立纪念馆，必须层层报批，而且还要按照“级别”来定，谈何容易？！再说，把这里辟为“傅雷纪念馆”，势必难以回避“反右派”、“文革”、“抄家”、“逼上绝路”之类敏感的“关键词”。看来，只能在历史被时光冲淡之后的未来岁月，也许能够实现。好在一浪高过一浪的拆迁浪潮没有波及江苏路上这幢花园洋房，使“傅雷纪念馆”的实现还保留一线希望……

㉝ 杨绛，《忆傅雷》，金圣华编，《傅雷与他的世界》北京三联书店1996年版。

第四章 闭门译书

梅馥在上海江苏路寓所小花园（1953年）

傅雷在上海江苏路寓所小花园（1953年）

没有“单位”的人

自从傅雷1949年12月回到上海，社会制度已经发生翻天覆地的变化。从此，除了农民之外，中国人几乎人人都得有一个“单位”，人人都在“单位”里工作。人们见面，往往第一句话就是：“你是哪个‘单位’的？”“单位”不仅给你发工资，而且给你分“福利住房”，给你公费医疗，退休之后给你发退休金。

然而，如果有人说，他没有“单位”，你就会感到非常惊讶。

傅雷与众不同，就是一个没有“单位”的人。虽然他在1952年被选为中国作家协会上海分会理事，但那只是一个虚衔而已。名义上中国作家协会上海分会（现称上海作家协会）是他的“单位”，但是他并非“编制”内的工作人员。正因为这样，在采访傅雷经历时，我曾经试图到上海作家协会查阅傅雷的档案。我原本以为，我就在上海作家协会工作，在本单位查阅傅雷档案，应该很方便。结果被人事科告知，上海作家协会没有傅雷档案！因为傅雷不属于上海作家协会“编制”内的人员。

后来，我只在上海公安部门查到一张傅雷在1958年11月5日填写的《劳动力调查表》。这种表格通常是没有“单位”的人（即所谓“闲散劳动力”）填写的。傅雷在表格上写道：

籍贯：江苏南汇。
文化：大学。
家庭出身：地主。
本人成份：翻译工作。
政治情况：无党派。
劳动情况：一般。
经济收入：稿费。

特长：法国语文。

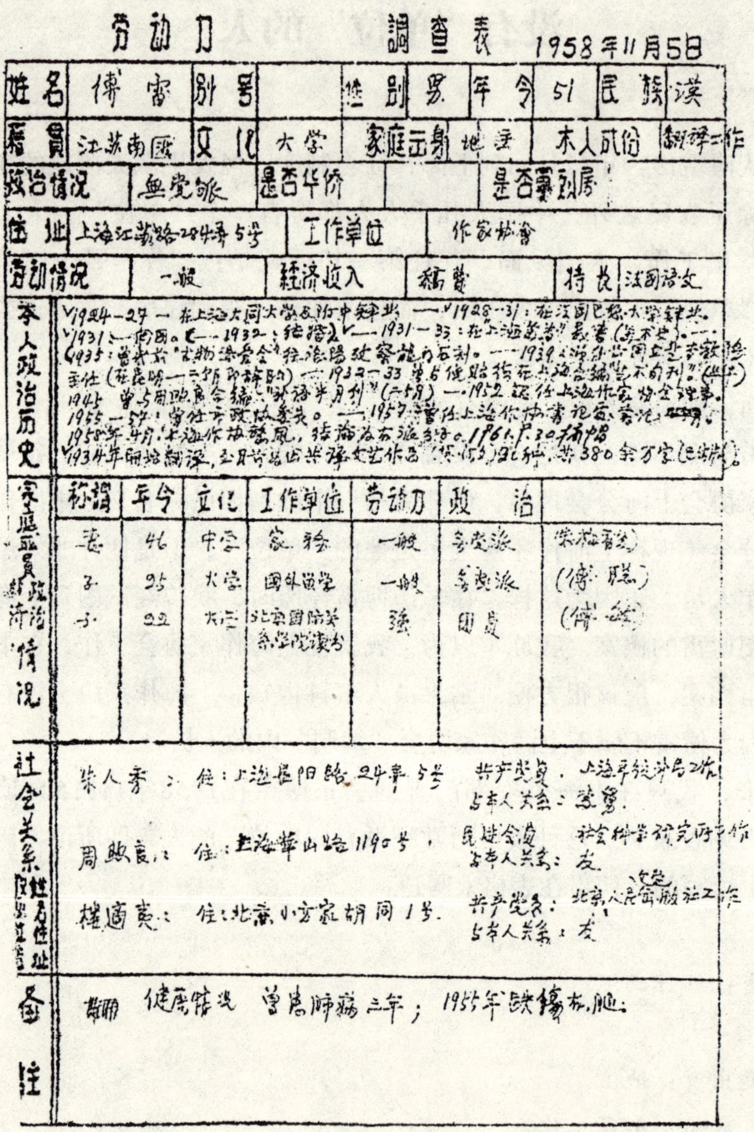
劳动力调查表 1958年11月5日

姓名	傅雷	别号		性别	男	年令	51	民族	汉
籍贯	江苏南汇	文化	大学	家庭出身	地主	本人成份	翻译工作		
政治情况	无党派	是否华侨		是否眷属					
住址	上海江苏路284弄5号	工作单位	作家协会						
劳动情况	一般	经济收入	稿费	特长	法国语文				

本人政治历史：
1924—27—在上海大同大学附中毕业。——1928—31：在法国巴黎大学毕业。
1931—回国。——1932：结婚。——1931—33：在上海美专教书（美术史）。——
1935：曾任[illegible]。——1939[illegible]
[illegible]——1932—33[illegible]
1945 曾与周煦良合编"新语半月刊"[illegible]——1952 起任上海作家协会理事。
1955—57：曾任市政协委员。——1957 曾任上海作协书记处书记[illegible]。
1958年4月：上海作协整风，结论为右派分子。1961.9.30摘帽
1934年开始翻译，五日[illegible]法译文艺作品[illegible]共380余万字[illegible]。

家庭成员政治经济情况：

称谓	年令	文化	工作单位	劳动力	政治	
妻	46	中学	家务	一般	无党派	（朱梅馥）
子	25	大学	国外留学	一般	无党派	（傅聪）
子	22	大学	北京国防学系学院读书	强	团员	（傅敏）

社会关系（姓名住址职业）：
朱人秀：住：上海岳阳路24弄5号 共产党员，上海市纺织局工作 与本人关系：亲戚。
周煦良：住：上海华山路1190号，民进会员 社会科学研究所工作 与本人关系：友。
楼适夷：住：北京小方家胡同1号。共产党员：北京人民文学出版社工作 与本人关系：友

备注：[illegible] 健康情况 曾患肺病三年；1955年[illegible]

傅雷没有公职，没有“单位”。1958年，上海在进行劳动力普查时，要傅雷填写“劳动力调查表”。这是作者从上海公安部门查到的傅雷亲笔填写的表格。

傅聪在上海江苏路父母寓所小花园
（1953年）

傅敏在上海江苏路父母寓所小花园
（1953年）

这里值得提到的是“政治情况：无党派”。傅雷曾经是有党派人士。那是在1946年，马叙伦、许广平等发起成立“中国民主促进会”（简称“民进”），旨在推进中国的民主进程。傅雷也参与了发起，并当选候补理事。但是，在“中国民主促进会”正式成立之后，傅雷就没有参加活动。解放后，“中国民主促进会”成为中国大陆八个民主党派之一。然而，傅雷在1950年宣布退出“中国民主促进会”，傅雷的理由是会章规定“民主实现之日，即行解散”。马叙伦曾经再三挽留傅雷，劝他不要退出。傅雷不从。从此，傅雷成为“无党派人士”。其实，这也是傅雷独立独行性格的又一体现。

我注意到，傅雷填写的“社会关系”栏内，写了三个人：

朱人秀：住：上海长阳路24弄5号；共产党员，上海市统计局工作；与本人关系：妻舅。

周煦良：住：上海华山路1190号；民进会员，社会科学研究所工作；与本人关系：友。

楼适夷：住：北京小方胡同1号；共产党员，北京人民文学出版社工作；与本人关系：友。

不过，傅雷不在乎有没有“单位”，因为他在解放前就没有“单位”。

在改革开放的今日，在市场经济体制下，没有“单位”的个体户比比皆是，文坛上没有“单位”的自由撰稿人也到处都有。

1954年的傅雷（四十六岁）

傅雷却不知道，解放之后，在计划经济体制之下，没有“单位”，将意味着要冒极大的风险，意味着生活没有保障。

疾病不时袭击着他。从1950年至1951年，他的肺病复发，使他不能长时间工作。1955年1月，在上海锦江饭店不慎坠楼伤腿，不得不卧床数月。“反右派运动”以及傅聪被迫出走，深深刺痛他的心，随之而来的失眠症，使他常常精神恍惚。长期伏案写作，从1960年起，腰椎骨质增生、三叉神经痛、关节炎，不时折磨着他。由于年岁增长，视力日渐衰退，白内障接踵而来……没有“单位”的他，也就无法向“单位”请病假，无处“报销”医药费。

其实，在解放后，傅雷要找个“单位”，要找个公职，并不难。比如，在哪个大学当个法国文学教授之类。

但是，依照傅雷正直而又孤傲的性格，很难在一个“单位”里与人相处。

用傅雷自己的话来说，“我茕茕独立，既无伯叔，终鲜兄弟，复寡朋友！”他是一个难以合群的人。

他在解放前闭门译书，解放后依然选择了闭门译书。

没有“单位”，也就没有工资。他以译稿为生，以稿费为经济来源。如同傅敏所言[①]：“我父亲解放前的生活主要靠卖地的收入，解放后靠稿费收入！”

据傅雷1956年8月5日致人民文学出版社函，当时“绝大部分是每千字

---

① 傅敏致叶永烈，2004年9月9日。

九元，我一向是每千字十一元”[2]。在傅雷年富力强的年月，在外国文学作品能够正常出版的时候，傅雷以“每千字十一元”的标准译稿，还可以维持小康水平的日子。

前已述及，他的住房是租的私人房屋，每月要付55.29元的房租。另外，他还一直雇有保姆。

没有“单位”，当然也有许多“好处”：最大的好处，就是可以避开“单位”里复杂的人事关系。没有“单位”，意味着不必为“升官”而曲意逢迎。有人开玩笑地说，别人打成“右派分子”，要降职降薪，而傅雷则无职可降，无薪可削——这也是没有“单位”的“好处”。

然而，随着年岁的增长，到了1965年，他老眼昏花，译稿的进度大为降低，甚至一度无法工作；再加上“文革”逼近，批判“封、资、修”，他所译的法国文学名著被列入“资”的范畴，难以出版，生活就陷入了困顿之中，入不敷出了。这时候，他要“品尝”没有“单位”的苦果了！

在纸上进行艰辛的长征

在傅雷生前，傅雷译作被钦慕他的译文的青年译者罗新璋称之为“傅译”。傅雷却以为，“尊札所称‘傅译’，似可成为一宗一派，愧不敢当”[3]。

然而，人眼是秤，广大读者谁都认“傅译”是中国译界名牌，傅雷是中国一流的文学翻译大师。

傅雷的一生，青灯黄卷，寂寞地在书斋中度过。

虽然傅雷寂寞而孤独，但是他却心地坦然。

傅雷说：“赤子之心这句话，我也一直记住的。赤子是不知道孤独的。赤子孤独了，会创造一个世界，创造许多心灵的朋友！永远保持赤子之心，

② 《傅雷全集·二十卷》227页，辽宁教育出版社，2003年版。

③ 《傅雷全集·二十卷》306页，辽宁教育出版社，2003年版。

到老也不会落伍，永远能够与普天之下的赤子之心相接相契相抱！”

在书斋里，傅雷终日与法国文坛巨匠罗曼·罗兰、巴尔扎克、伏尔德、梅里美的著作为伍，在印着“疾风迅雨楼”的方格稿纸上替这些法国作家进行“中文写作”。

傅雷的毕生劳绩，便是把罗曼·罗兰、巴尔扎克、伏尔德、梅里美的名著，介绍给广大的中国读者。他是一座中法文学之桥。

据在傅雷先生家工作多年的保姆周菊娣告诉我[④]：傅雷先生每天早上八点起床，九点到十二点半工作，下午两点又坐到书桌前，七点才吃晚饭。晚间看书、写信至夜深。每星期译书六天，星期天虽说休息，其实用来写信。

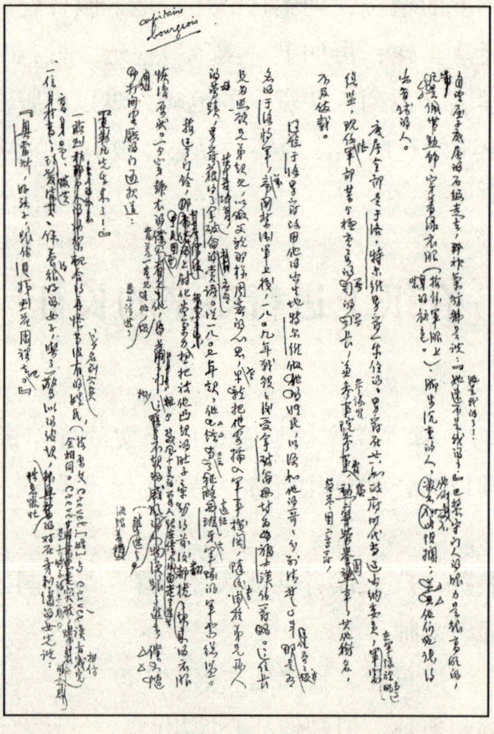

1950年—1956年，傅雷闭门译书，翻译了巴尔扎克的《贝姨》《邦斯舅舅》《夏倍上校》，梅里美的《嘉尔曼》《高龙巴》，还重译了巴尔扎克的《高老头》和罗曼·罗兰的《约翰·克利斯朵夫》。此为《贝姨》译稿——系据初译誊正稿修改而成的二稿（1950年12月）。

④ 傅雷致傅聪函，1955年1月26日。

那么多年，他一直如此辛勤地笔耕。如果中国知识界要推举劳动模范，傅雷是当之无愧的。

他曾说：

“一般人常常只看到别人的收获，而看不到别人的艰苦。”

“以效果而论，翻译应当像临画一样，所求的不在形似而在神似”，“理想的译文仿佛是原作者的中文写作”。

译者“要以艺术修养为根本：无敏感之心灵，无热烈之同情，无适当之鉴赏能力，无相当之社会经验，无充分之常识(即所谓杂学)，势难彻底理解原作，即或理解，亦难能深切领悟。”“鄙人对自己译文从未满意……传神云云，谈何容易！年岁经验愈增，对原作体会愈深，而传神愈感不足。”

1954年的傅雷（四十六岁）

“翻译工作要做得好，必须一改再改三改四改。”

“文字总难一劳永逸，完美无疵，当时自认为满意者，事后仍会发现不妥”。

傅雷，以“文章千古事，得失寸心知”为座右铭，以极其严肃的态度从事文学翻译。

1928年至1931年他在法国留学期间，便曾经翻译过法国好几部小说。可是，这几部小说后来不知丢到哪里去了。对此，傅雷一点也不遗憾。他曾说，那是他“学徒阶段”的练习而已，不算数的。

解放前，他译过托尔斯泰传，可是解放后不愿再版。他说：“我看过托尔斯泰几部作品呢?我不该这样轻率从事的。”虽然这本传记的作者是罗曼·罗兰，他极为熟悉。

他在动手翻译之前，总是把原著看过四五遍，弄懂弄通了，领会其中的神韵、风格了，这才开译。他把这种做法叫做“钻”。

遇上不懂的地方，他从不敷衍，从不马虎。他往往写信向法国友人请教，弄明白了才往稿纸上写。

“《高老头》还是在抗战时期译的，1951年已重译一遍，这次(指1963年——引者注)是第三次大修改了。”

不过，在1963年对《高老头》大修改毕，那篇序言却使傅雷绞尽脑汁[5]：

《高老头》已改讫，译序也写好寄出。如今写序要有批判，极难下笔，我写了一星期，几乎弄得废寝忘食，紧张得不得了。至于译文，改来改去，总觉得能力已经到了顶，多数不满意的地方明知还可修改，却都无法胜任，受了我个人文笔的限制。这四五年来愈来愈清楚的感觉到自己的limit（局限），仿佛一道不可超越的鸿沟。

感人至深的是，傅雷所译罗曼·罗兰的《约翰·克利斯朵夫》，长达百万言，他从1936年开译，到1939年译毕，花费三年功夫。二十世纪五十年代初，他竟又花费近两年时间重译这部名著！傅雷在译完之后，除了保留四部初译本样书之外，要把家中所有初译本“一并烧毁”！他以为，初译本中有许多错误，他不愿保留这个“污点”[6]！

人们常把写作笑称为“爬格子”。像傅雷这样把百万字译作推倒重译，重“爬”一百万个“格子”，谈何容易！

那是在稿纸上进行的一次艰辛的长征，何况当时他正肺病复发，体力不支！

1951年7月28日，傅雷在写给香港翻译家宋奇的信中，曾经非常坦率地承认自己在文学翻译中的劣势[7]：

首先，他是南方人，“根本不会说国语，更谈不上北京话”。在翻译对话时，则尽量要做到口语化。他以为，自己的语言南腔北调，非驴非马。

其次，他不善于动作描写。

⑤ 傅雷致傅聪（1963年10月14日），《傅雷全集·二十卷》辽宁教育出版社，2003年版。

⑥ 傅雷致宋奇（1953年2月7日），《傅雷全集·二十卷》163页，辽宁教育出版社，2003年版。

⑦ 傅雷致宋奇（1951年7月28日），《傅雷全集·二十卷》156，辽宁教育出版社，2003年版。

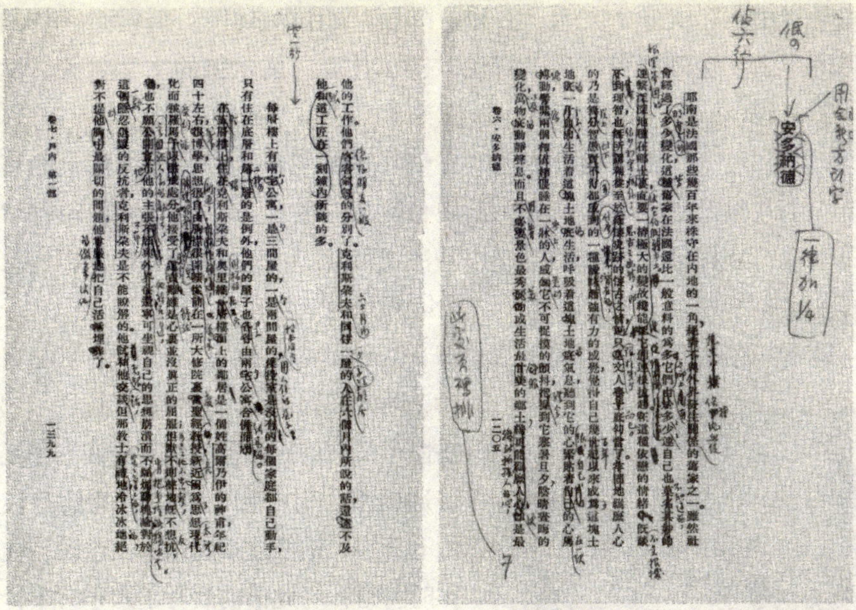

《约翰·克利斯朵夫》重译稿手迹（1952年）。傅雷在四十年代商务版的书上，以蝇头小字把译字改得体无完肤，等于重译。

知道自己的不足，傅雷努力多读语言大师老舍、赵树理的小说，以改进自己的译文，写好对话，写好动作。他佩服老舍的“京味”语言，佩服赵树理的农民语言。

傅聪赴波兰前，与母亲在上海中山公园（1954年1月初）

傅雷在世的时候，1956年12月11日，上海《文汇报》就发表了徐翊的文章《未付邮的书简——谈傅雷先生谨严的工作态度》，赞扬了傅雷对于翻译工作的认真、严肃。

傅雷去世后，1985年6月在北京举办的“傅雷家书墨迹展”，展出了傅雷所译巴尔扎克《都尔的本堂神甫》原稿。傅雷三易其稿，三部手稿一起展出。透过那一页页端端正正的墨迹，观众们如晤其人——文如其人，人如其文。

学贯中西，文学、美术、音乐、外语“四位一体”。傅雷是一位知识渊博的学者。他既能译罗曼·罗兰、巴尔扎克、佑尔德的文学名著，又能译《艺术哲学》、《贝多芬传》这样美术、音乐方面的著作。

“吱，吱，”他常常在困倦时在烟斗里装上板烟。在他的宽大的写字台上，烟灰缸总是放在右前方，而砚台则放在左前方，中间放着印着“疾风迅雨楼”字样的直行稿纸，左边是法文原著，右边是法汉辞典。他总是这样井然有序地在桌上“布阵”，长年累月地笔耕。

傅雷写信也很认真。《傅雷家书》是他的心血结晶。他在给朋友写信时，同样极其认真。老画家刘抗说：“傅雷惯于作长信，密密麻麻写成四五张纸是普通的事。有一回，他给我的信竟长达六七千字，信笺连接起来有丈余长，在结尾时写道：‘此信前后写了六小时半，筋疲力尽，无以为继矣。’”

傅雷夫妇在天台山中方广石果瀑下桥畔。1953年4月与柯灵同游天台山时，由柯灵拍摄。

傅雷的信，是另一种形式的作品，同样是艰辛的写作。

他写作严谨，事事严谨。

就连他家的热水瓶，把手一律朝右，垂手可取。倒光了，空瓶放到“排尾”。灌开水时，从“排尾”灌起。

他家的日历，每天由保姆撕去一张。一天，夫人忽然顺手撕了一张。傅雷看见了，赶紧用浆糊把撕下来的那张贴上。他说：“等会儿保姆再来撕一张，日期就不对了。”

他爱摄影。在黄山为了拍摄轻盈潇洒、如烟如丝的晨雾，他一大早就拿着照相机寻景求胜去了。回到上海，自己动手放大照片。他自备天平，自配显影剂、定影剂，称药时丝毫不差——尽管稍多稍少无伤大局，但是他严格地按配方办事。

虽说当年他生活在黑白照相时代，但是他很注意照片的构图、角度、气氛、前景、后景，充分反映出他的美学修养。

他曾在1953年春偕夫人和柯灵等同游天台山。山上夜寒，唯他带了毛线衣。登山时力乏腹饥，他打开白瓷口杯里的猪油黑枣请客——早在半个月前，他就让夫人把一层猪油、一层黑枣铺好，用慢火天天蒸，蒸得又酥又烂，作为自制旅游点心。

尽管傅雷常给人“严肃有余”的印象，就连拍照也难得露出笑容，其实他也有活泼、天真、幽默的时候。

刘抗先生的一段回忆，令人捧腹：

“我新婚之夜，他乘我们酒楼宴席未散，先行潜入新房，把香粉倒在烟灰缸里，把衬衫吊在天花板上，把皮鞋挂到窗外去，把唱片藏在绣枕下……令人啼笑皆非。”[8]

就在他上了年纪、成了大翻译家之后，童心仍未泯灭。

有一次，上海江苏路傅宅响起了敲门声：

“啥事体?”傅太太隔门相问。

“傅先生勒拉屋里厢?”门外有人用上海话问道。

傅太太开门，哈哈，站在门外的不是别人，乃是傅雷也！傅太太高声大笑。她是非常爱笑的人。傅雷也相视而笑。

原来，傅雷在书房里写作倦了，信步踱到门口，看看信箱里有没有邮件，他忽然灵机一动，即兴演出了一幕“喜剧小品”！

中国译界的丰碑

傅雷辛勤笔耕，精益求精，成为中国译界的楷模。

傅雷1929年起致力于法国文学的翻译介绍工作，一生所译世界名著达30余部，其中巴尔扎克的名作占了14部。由于他对巴尔扎克深有研究，曾被法国巴尔扎克研究协会吸收为会员。其主要译作有：

⑧ 傅雷致宋奇（1951年7月28日），《傅雷全集·二十卷》156，辽宁教育出版社，2003年版。

（法）巴尔扎克——

《欧也妮·葛朗台》(骆驼书店1946年初版；平明出版社1951年重译版本；1963年又大改，1978年人民文学出版社作为遗译出版)

《高老头》(三联书店，1950年初版，后多次再版)

《邦斯舅舅》上、下册(平明出版社，1952年初版，后多次再版)

《贝姨》上、下册(平明出版社，1951年初版，后多次再版)

《亚尔培·萨伐龙》(骆驼出版社，1946年初版)

《夏倍上校》(平明出版社，1954年初版，后多次再版)

《于絮尔·弥罗埃》(人民文学出版社,1955年)

《搅水女人》(人民文学出版社，1960−1979年)

《赛查·皮罗多盛衰记》(人民文学出版社，1978年)

《都尔的本堂神甫》(人民文学出版社，1963年)

《比哀兰德》(人民文学出版社，1963年)

（法）罗曼·罗兰——

《约翰·克利斯朵夫》1−4册(平明出版社，1952−1953年初版，后多次再版)

（法）伏尔泰——

《老实人》(附《天真汉》，人民文学出版社，1954年初版)

《查第格》(人民文学出版社，1956−1958年)

《伏尔泰小说选》（人民文学出版社，1980年）

(法)梅里美——

《嘉尔曼》(附《高龙巴》，平明出版社，1953年初版，后多次再版)

（英）罗素——

《幸福之路》(上海南国出版社，1942年)

《贝多芬传》（上海骆驼书店，1942年）

(美)斯诺——

《美苏关系检讨》(生活书店，1947年)。

1981年，三联书店总经理范用在出版《傅雷家书》期间，建议出版《傅雷译文集》，并拟了十卷译文集大纲。安徽人民出版社编辑江奇勇和美编蒋方景闻讯，飞往北京，表示愿出《傅雷译文集》。范用向傅敏建议，聘请钱钟书为《傅雷译文集》顾问。

《傅雷译文集》第一次完整、系统地出版傅雷译作。从1981年10月出版第一卷起，花费四年时间，出齐了五百万字的十五卷本《傅雷译文集》。这是傅雷一生译作的总检阅，也是中国译界的丰碑。

当年曾经致函傅雷先生的“傅译迷”著名法国文学专家罗新璋先生，精心校阅《傅雷译文集》全书。

2002年12月，在《傅雷译文集》的基础上，辽宁教育出版社出版了二十卷本的《傅雷全集》。

从《傅雷全集》的总目，可以看出傅雷一生劳作丰硕的成果：

第一卷：巴尔扎克：《夏倍上校》《奥诺丽纳》《禁治产》《亚尔培·萨伐龙》《高老头》

第二卷：巴尔扎克：《欧也妮·葛朗台》《于絮尔·弥罗埃》

第三卷：巴尔扎克：《都尔的本堂神甫》《比哀兰德》《搅水女人》

第四卷：巴尔扎克：《幻灭》

第五卷：巴尔扎克：《贝姨》

第六卷：巴尔扎克：《邦斯舅舅》《赛查·皮罗多盛衰记》《猫儿打球号》（存目）

第七卷：罗曼·罗兰：《约翰·克得斯朵夫》（第一册）

第八卷：罗曼·罗兰：《约翰·克得斯朵夫》（第二册）

第九卷：罗曼·罗兰：《约翰·克得斯朵夫》（第三册）

第十卷：罗曼·罗兰：《约翰·克得斯朵夫》（第四册）

第十一卷：罗曼·罗兰：《贝多芬传》附：《贝多芬评传》《贝多芬

的作品及其精神》（傅雷）；《米开朗琪罗传》附：《米开朗琪罗情诗》；《托尔斯泰传》附：《托尔斯泰遗著论》《亚洲对托尔斯泰的回响》《托尔斯泰逝世前二月致甘地书》《托尔斯泰著作年表》《论莫扎特》

第十二卷：服尔德：《老实人》《天真汉》《查第格及其他短篇》梅里美：《嘉尔曼》《高龙巴》

第十三卷：莫罗阿：《人生五大问题》《恋爱与牺牲》《服尔德传》

第十四卷：罗丹述、葛赛尔记：《罗丹艺术论》；牛顿：《英国绘画》，《各国古物保管法规汇编》（傅雷编译）；斯诺：《美苏关系检讨》；斯科特：《俄国三度空间的外交政策》

第十五卷：菲列伯·苏卜：《夏洛外传》；罗素：《幸福之路》；杜哈曼：《文明》；文学、音乐、美术及其他译文

第十六卷：丹纳：《艺术哲学》附：泰纳《艺术论》（早年译作）

第十七卷：小说·散文、文学评论、政论杂评

第十八卷：《世界美术名作二十讲》、美术论著、音乐论著

第十九卷：家书卷 附：傅雷遗书

第二十卷：书信卷　附录 I.傅雷年谱 II.傅雷译著年表

在这里，值得提到的是，《傅雷家书》以及《傅雷译文集》、《傅雷全集》的“幕后总编辑”是傅雷次子傅敏。他默默地为故世的父亲做了大量的文稿编辑、整理工作。

凝聚傅雷一生创作成果的《傅雷全集》（全二十卷，辽宁教育出版社2002年版）

第五章『打造』傅聪

傅雷夫妇与傅聪在书房（1956年夏）

发现傅聪的音乐天赋

纵观傅雷的一生的成就，可以说主要有三：一是翻译法国文学名著，二是亲手“打造”了驰誉世界的钢琴家——长子傅聪，三是身后由次子傅敏结集出版了广有影响的《傅雷家书》。

在这三项主要成就之中，后两项是互相关联的。

傅雷深知“选择不当，遗憾一生”。他曾再三说过，倘有天资，则成为第一流的艺术家；倘无天分，宁做别的工作。

傅雷先生在一九六二年九月十日写给刘海粟的弟子、青年画家周宗琦先生[①]的一封信中，便详细论及对于艺术人才的培养：

爱好艺术与从事艺术不宜混为一谈。任何学科，中人之资学之，可得中等成就，对社会多少有所贡献；不若艺术特别需要创造才能，不高不低，不上不下之艺术家，非特与集体无益，个人亦易致书空咄咄，苦恼终身。……热情与意志固为专攻任何学科之基本条件，但尚须适应某一学科之特殊才能为之配合。天生吾人，才之大小不一，方向各殊；长于理工者未必长于文史，反之亦然；选择不当，遗憾一生。爱好文艺者未必真有从事文艺之能力，从事文艺者又未必真有对文艺之热爱；故真正成功之艺术家，往往较他种学者为尤少。凡此种种，皆宜平心静气，长期反省，终期用吾所长，舍吾所短。若蔽于热情，以为既然热爱，必然成功，即难免误入歧途。……

傅雷精通美术理论，曾试图让傅聪习画。在他的朋友之中，刘海粟、黄宾虹皆为中国画坛巨匠，都可为傅聪指点丹青。无奈傅聪无意于画，乱

① 2004年7月2日采访于上海。周宗琦先生于1977年移居香港，后又移民澳大利亚，2003年回上海定居。

涂几笔、“胡画”一通罢了。

强扭的瓜毕竟不甜。傅雷放弃了让傅聪学画的打算。

傅聪心中音乐的种子，是傅雷亲手播下的。傅雷夫妇在闲暇的时候，爱听唱片。傅聪记得，那是一架“老掉牙”的美国“百代”牌唱机，要用手摇柄摇上一阵子，才能使唱片转动。

傅聪（三岁）与父亲傅雷（1937年春）

傅雷在1957年写的《傅聪的成长》那篇文章里，曾经这样写道：

傅聪三岁至四岁之间，站在小凳上，头刚好伸到和我的书桌一样高的时候，就爱听古典音乐。只要收音机或唱机上放送西洋乐曲，不论是声乐是器乐，也不论是哪一乐派的作品，他都安安静静的听着，时间久了也不会吵闹或是打瞌睡。我看了心里想：‘不管他将来学哪一科，能有一个艺术园地耕种，他一辈子都受用不尽。’我是存了这种心，才在他七岁半，进小学四年级的秋天，让他开始学钢琴的。

雷垣成为启蒙教师

傅雷为了培养傅聪学音乐，求助于当年大同中学的老同学雷垣。

雷垣是一个兴趣广泛的人。他从理学院毕业以后，由于喜欢音乐，居然又去上海音乐专科学校念了三年，跟贺绿汀、丁善德是老同学呢！后来，他去美国留学，又改学数学。回国后，在上海的沪江、大同、复旦三所大学，同时兼教数学课程。他忙得不可开交。有一天，他来看傅雷，傅雷把傅聪叫到雷伯伯跟前，向他透露了拜师的意思。雷垣大笑起来，一口答应，收下了这个七岁半的小弟子！

那时候，傅家还只有一架傅雷夫人当年所用的小钢琴，没有三角钢琴，加上雷伯伯工作又忙，不能到家里教。傅雷让保姆梅月英领着小傅聪到绍兴路雷伯伯家里。每个星期教一次。过了几个月，傅雷问雷伯伯："阿聪有没有出息？"雷伯伯拍着傅聪的脑袋，说他有一对"音乐耳朵"！

傅聪的这位钢琴启蒙教师雷垣教授在接受我的采访时这样回忆[②]：

1935年，我到美国学数学。1939年回来，在沪江、大同、复旦等大学教数学。当时，我住在上海绍兴路，离傅雷家不远，交往相当密切。

那时候，傅雷已经有两个孩子，大的傅聪，小的傅敏。

起初，傅雷让我教傅聪学英语。后来，发觉傅聪喜欢音乐，耳朵非常好。有一次，我在钢琴上随便按一个键，傅聪没有看我按什么键，却能说出是什么音，这叫"绝对音高"。一般人经过多年训练，才能分辨绝对音高。傅聪那么小，就能分辨，说明他有音乐天资。

于是，傅雷要我教傅聪弹钢琴。那时候，傅家还没有钢琴，就叫保姆送他上我家学，每星期教一次。

傅聪进步很快。可是，他们家没琴，傅聪回家没法练习。傅雷问我，这孩子学琴有前途吗？

我说有前途。于是，傅雷夫妇经过商量，从琴行给傅聪租了钢琴。

傅聪的乐感很强。学了一两年，他就能在琴上弹出他自己创作的曲子。

教了三年，教不了啦。因为傅聪琴艺进步飞快，而我又毕竟是数学教授，不是钢琴教授。于是，我让傅雷"另请高明"。

在我的印象中，傅聪小时候容易激动，爱哭，跟傅雷的脾气很像。傅敏比较沉着，不大哭。后来，傅敏喜欢小提琴，也曾跟我学了一阵子。

解放后，傅聪在波兰获奖，曾把获奖时的照片送给我。我把这张照片一直放在我的钢琴上。

② 1983年9月9日在上海采访雷垣教授。

在“文革”中，这张照片成了我的“罪状”。

傅雷给不到八岁的儿子，从琴行租了一架钢琴。傅雷亲笔端端正正为傅聪抄录五线谱。

钢琴，放在巴黎新村四号底楼的窗前。小傅聪心花怒放，乐得连嘴巴都合不拢。那天，从傅家第一次传出了钢琴的声音，隔壁邻居都好奇地来到窗前张望。他们看到居然是一个小男孩在那里弹，更加惊异不已。从此，每天傅聪放学回来，刚撂下书包，就扑在钢琴上。当他的手指触到琴键，心中就充满无限的快乐。

傅聪（四岁）与傅敏和刘英伦（刘海粟大女儿）在上海巴黎村傅宅门前玩耍

把傅聪从小学撤回

渐渐的，琴声稀疏了，走调了。小孩子那“三分钟的热情”，消退了。

傅雷在三楼的书房里写作。侧耳一听，琴声不对头了。他悄悄地下楼，发觉儿子在那里偷懒，边练指法边看小说《水浒》呢。

父亲发起脾气来，如疾风迅雨，如电闪雷鸣。小傅聪心里真害怕，然而他知道自己错了。

暴风雨过去，天晴日丽。

父亲给傅聪讲贝多芬的故事：贝多芬从四岁时开始练琴，他的父亲要他在钢琴前一坐就是四个小时，不许稍有怠慢，贝多芬八岁就登台演出，成为一代钢琴大师；

傅雷又讲莫扎特的故事：莫扎特也是四岁时开始练钢琴，在父亲的督促下，一年三百六十五天，没有一天不练，终于在八岁时就写出他的第一部交响乐，被人们誉为“神童”；

傅雷还讲了萧邦的故事：萧邦七岁时写《波兰舞曲》，八岁登台演出……

从那时候起，贝多芬、莫扎特、萧邦、巴赫、李斯特……这些世界钢琴大师，成了小傅聪心中的上帝。

为了让傅聪学钢琴，傅雷决定“把他从小学撤回”。

傅雷说：“英文、数学的代数、几何等等，另外请了教师。本国语文的教学主要由我自己掌握：从孔、孟、先秦诸子、国策、左传、晏子春秋、史记、汉书、世说新语等等上选材料，以富有伦理观念与哲理气息、兼有趣味的故事、寓言、史实为主，以古典诗歌与纯文艺熏陶结合在一起。”

一笔一划，端端正正，像用铅字印出来的一样。傅雷手持毛笔，亲自抄写古文，为儿子编撰语文课本——只是为一个孩子而编，“发行量”仅为一册的课本！

傅雷为了让傅聪专心学钢琴，就要他退学，聘请了家庭教师郁树敏。郁树敏是傅聪当年就读的上海西成小学的国文教师，国文教得不错，傅雷就请他担任傅聪的家庭教师。郁树敏先生回忆说[③]：

每天上午十时到十二时，给傅聪上国文和数学课。

国文课文是傅雷先生亲自选定的。他从《庄子》、《吕氏春秋》、

③ 1985年7月30日在上海采访郁树敏。

《论语》、《孟子》、《世说新语》中选一些文章作为课文，用小楷工工整整地抄好，交给我，同时交给我一些教学参考书。他的小楷，一笔不苟，涵养功夫真好。

他对我很信任。在我上课的时候，他从来不来听，我爱怎么教就怎么教，从不干涉。他用的是启发式，我教书用的是注入式。他并不强叫我用他的方式教书。

傅聪的作文，我不管，由傅雷先生亲自批改。钢琴课另请外国教师来教。

傅雷先生待我很好。当时，大米非常紧张，他每月给我三斗白米作为酬劳，是很难得的。后来，连他自己都买不到白米，他就按照黑市上白米的价格给我钱。像他这样照料我——一个穷书生，是难能可贵的。

除了聘请家庭教师之外，傅雷也自己担任教师。我在采访傅聪的时候，他回忆说[④]，父亲提出一个问题，让他回答。如果答不上，父亲就讲一个故事启发他；再答不上，又讲一个故事……一直到他经过自己的思索，讲出了答案。

傅聪颇为感叹地说："这样，学问就成了我自己得来的，不是道听途说，不是copy（拷贝），不是抄书。父亲这种教育方法，使我永远受用不尽，那就是独立思考。养成了独立思考的习惯，就不会停留于一，就会举一反三，在面前展现广阔的知识天地。如果说我以后在学问上有所成就的话，那归功于独立思考。我的基础就是这样打下的。"

傅雷对于傅聪的深厚的父爱，是人所共知的。不过，脾气近乎暴躁的傅雷，有时候也不近人理[⑤]：

我父亲就是这样一个人，任何人都很难理解为什么他当年对我这么不近情理。你看我这个疤（指着鼻梁上的疤痕），就是五岁时，有一次，他在吃花生米，我在写字，不知为什么，他火了，一个不高兴，拿起盘子[6]就

---

④ 1985年5月27日在上海采访傅聪。

⑤ 金圣华，《傅聪访问记》，《傅雷与他的世界》，香港三联书店1994年版。

⑥ 据傅敏说，"确切的说，飞向傅聪的盆子是点蚊香用的碟子！"

摔过来，一下打中我，立即血流如注，给送到医院里去。

倾注心血培养傅聪

傅雷在发现傅聪的音乐天赋之后，倾注全力要把他打造成钢琴家。

我采访了另一位傅雷好友、重要当事人林俊卿教授。林俊卿是医学博士，同时又是著名男中音歌唱家。后来，他成为我国嗓音医学的开拓者，曾任声乐研究所所长。他这样回忆⑦：

我是经雷垣介绍，认识傅雷的。那是在解放前，他住在上海巴黎新村的时候。

我和傅雷认识之后，发觉彼此有许多共同点，都喜欢音乐、美术(我会画漫画，解放前发表过许多漫画作品)，都懂外语，所以很谈得来。解放后，他搬到江苏路，跟我家很近，来往更多了。有好几年，每星期五晚上，我必到他家聊天。如有事不能去，还得打个电话跟他说一声。仿佛成了惯例。

我是看着傅聪长大的。我曾在杨嘉仁家里，看到九岁的傅聪去学钢琴，夹着一大叠乐谱，那样子给我留下很深的印象。我跟他谈起乐理来，

傅雷挚友林俊卿夫妇在杭州西湖（1952年5月）

⑦ 1983年9月9日在上海采访林俊卿教授。

呵，小小年纪，头头是道，一套一套的。

后来，我把傅聪介绍给我的老师、上海工部局交响乐团的指挥梅·百器。傅聪被他看中了，跟他学琴。

百器的学费是很贵的。傅雷为了培养儿子，花了不少钱。傅聪在百器门下学了三年，获益匪浅。他得到的是“正宗”钢琴教育，为他后来的演奏打下很好的基础。

后来，百器死在上海。傅聪又跟百器夫人学琴。

我常常看到傅聪入迷一般的练琴。一弹，就是好几个小时，有一次，家里要吃饭，几次喊他，都不肯放下琴。等他来吃饭，家里人都快吃完了。

天才出于勤奋。我看，这句话对傅聪很适用。

傅雷倾注了自己的心血，培育着音乐幼苗傅聪。

傅聪一直记得，1944年3月10日这一天。那天下午，上海巴黎新村傅家一片节日气氛，父亲买了一个特大的蛋糕，祝贺小傅聪十岁生日。他还打电话约来了傅聪的一个个“小朋友”——他的琴友们。特别使傅聪高兴的是，丁善德伯伯[8]（后来担任上海音乐学院副院长）带着他的六岁女儿来了。他的女儿也是傅聪的琴友。傅聪和“小朋友”们轮流弹琴，他的生日，开成了一个家庭音乐会。“小朋友”们演奏完了，一边分吃着蛋糕，一边听着丁伯伯讲评。就这样，在甜蜜的琴声中，傅聪度过了十岁诞辰。

不过，那时候的傅聪，像一只要上发条的钟。父亲把发条拧紧，他就嘀嘀嗒嗒走得欢，整天坐在琴凳上练琴。慢慢的，发条松了，走慢了，甚至不走了。这时候，又要父亲给他上发条！

父亲深知儿子爱琴如命，只是过分倦怠，才显得疏懒。他发觉了，就走过去，啪的一声，把钢琴锁上。这对于傅聪来说，是最厉害的惩罚——他失去了弹琴的权利。

当儿子伤心地伏在钢琴上痛哭时，父亲便会过意不去，又把锁上的琴打开了。这时候，傅聪就把内心的悔恨倾注在琴声中，他使劲地练，竭力

⑧ 1983年9月10日在上海采访丁善德教授。

想追回因为倦怠而失去的练琴的时间。

傅聪常常边弹边唱。有时候，他还喜欢自己谱曲呢！有一次，他正边唱边弹，给父亲听见了。父亲走进琴房，把傅聪吓了一跳，以为要挨“克”，谁知道父亲要他把刚才自己“创作”的曲子重弹一遍。傅雷侧耳细听，居然十分欣赏，把它记在五线谱上，给那首小曲取名为《春天到了》…… 傅聪在琴凳上，在黑白键上，度过了童年。

傅聪终于走出低洼

十四岁那年，也就是1948年，傅聪随全家一起迁到了昆明。那里，没有人可教钢琴。父亲以为一个不上不下的空头艺术家是最要不得的，还不如安分守己学一门学科，对社会多少还能有贡献。这样，傅聪进了昆明的粤秀中学。

1949年12月，傅雷夫妇带次子傅敏返回上海，把傅聪一个人留在昆明。傅雷把傅聪交托给老朋友吴一峰[⑨]医生。

1950年秋天，傅聪自作主张，以同等学历考入了云南大学外文系一年级。这时候，他没有机会弹钢琴，然而他多么渴望再坐到琴凳上去，他的手指在天天发痒！只有在为当地的合唱队伴奏的时候，他才算过一下钢琴瘾。后来，他常去教堂练琴。

傅聪非常想回上海继续学钢琴，但是没有回上海的路费。同学们知道后，帮助他在教堂里举行了一次音乐会。傅聪照着一本《101首世界名曲集》弹了一遍。演完以后，一位热心的同学拿着木盘，为他向听众募捐。一下子，回上海的路费就全有了。除了钱，口袋里还有鼓励他弹琴的字条！

对于傅聪来说，这是一次大胆的冒险之旅。他与一位二十三岁的青年

⑨ 后来，在上海，我曾经寻访过吴一峰先生。据他的长女吴莹告知，吴一峰先生1982年11月因甲状腺肿大，在上海第六人民医院住院治疗。1983年1月6日病逝，终年七十五岁，安葬于杭州。

同行，从昆明经贵阳、晃县、长沙、南昌，花了二十三天（其中在贵阳等车一星期），终于回到上海。

布加勒斯特获奖归来，傅聪与母亲在上海中山公园（1953年11月）。

1951年初，傅聪突然出现在上海江苏路傅家的新居门口，傅雷满脸吃惊的神色。

当傅聪的手重新按在家里的钢琴上时，心中有着说不出的愉快。古人说："一日不作诗，心源如废井。""一日不书，便觉思涩。"弹琴也是如此。他已经将近三年没有好好练琴了，确实是跌到了低洼中。

这时候，傅聪整天扑在琴上。他跟苏联籍的女钢琴家勃隆斯丹夫人学了一年。他渐渐懂事，成了一只"自动表"，用不着父亲经常上发条了。即使在酷暑中，他仍练琴八小时。衣裤尽湿，也不稍息。

他终于从低洼中爬上来了。

2001年，傅聪在答听众问时这么回忆说：

常常有人问我：你小的时候弹琴，是非常热爱它或者热衷它，还是是在父亲的管教下进行的？

我爱音乐，可是弹琴是苦功，而且，小时候，小孩子嘛，都喜欢玩。也难怪我父亲生气，我要是做爸爸，我儿子这么干，我也会生气。我在琴上放着谱子，照样有本事同时看《水浒》。就是说琴的旁边放着书，好像在弹琴的样子，手指可以自动地弹，而我全神贯注地在那儿看黑旋风李逵怎么样怎么样。父亲一听声音——他的耳朵很灵——就觉得不对，下来一看，大喝一声，像真李逵大喝一声一样。

小时候喜欢是一回事，但是很少有小孩子自己愿意花苦功的。那时我很小，钢琴底子很差很差，真正弹琴是很短的一段时期。后来有一段时期，我不愿意弹，开始反抗父亲，在家里闹得不可开交，父亲没有办法，所以琴也没弹了。不光是我去昆明的那三年多，在那以前的两年一直是这样的。我真正花功夫是十七岁回上海以后。而十八岁就公演，说起来真是天方夜谭，世界上学音乐的人都觉得是不可置信的事。两年以后就去参加萧邦比赛，这根本是荒唐。现在想起来自己也觉得很荒唐，自己也不知道，怎么可能？

这是天赋。就是说，在我身上，对音乐、对艺术的天生的感悟非常之强烈。刚刚开始学琴的时候，有一点我深信不疑，就是孺子可教。我知道虽然我小时候什么也不会，最基本的东西都没有掌握，但是我能够忘我地弹琴，在很早的时候我就能做到这一点，弹琴的时候非常的自得其乐，仿佛到了一个极乐世界。我想在这一点上，恐怕很多世界一流的钢琴家也一辈子没有到过，这跟技术和修养没有关系。这就是说，也可以说是上天给我的一种特殊的能力吧。

不过，在傅聪从昆明回到上海之后，曾经与父亲傅雷有过一场“家庭风波”——这就是《傅雷家书》一开头就写到是“53年正月的事”：

傅聪与父亲在上海中山公园
（1953年11月）

“……老想到53年正月的事，我良心上的责备简直消释不了。孩子，我虐待了你，我永远对不起你，我永远补赎不了这种罪过！这些念头整整一天没离开过我的头脑，只是不敢向妈妈说。人生做错了一件事，良心就永久不得安宁！真的，巴尔扎克说得好：有些罪过只能补赎，不能洗刷！”

这"53年正月的事"，是怎么回事呢?

傅敏在《傅雷家书》新版中，加了这样的注释：

1953年正月，就贝多芬小提琴奏鸣曲哪一首最重要的问题，傅聪与父亲争论激烈。傅聪根据自己的音乐感受，不同意父亲认为第九首《"克勒策"奏鸣曲》最为重要的观点，认为《第十小提琴奏鸣曲》最重要。双方争执不下。父亲认为傅聪太狂妄，"才看过多少书？"，而当时国外音乐界一般都认同第九首最为重要。所以父亲坚持己见，这样双方发生了严重的冲突。在父亲勃然大怒的情况下，倔强的傅聪毅然离家出走，住在父亲好友毛楚恩的友人陈伯庚家近一月余。后因傅雷的姑夫去世，觉得人生在世何其短促，父子何必如此认真，感慨万千，遂让傅聪弟弟傅敏接傅聪回家，双方才讲和。

傅聪与母亲在南京明孝陵（1953年10月）

当笔者采访小提琴演奏家毛楚恩教授时，他回忆道[⑩]：

傅聪一气之下，从家里出走了，来到我家住。当时，我家很大，有三个房间，有客厅，客厅里有钢琴。

起初，傅雷夫妇不知道傅聪上哪儿去了，非常着急。傅雷夫人连夜找傅聪，找了两三家，

没找到。最后，找到我家里来。傅聪不愿意回家。傅雷夫人见他住在我家，也就放心了。

第二天，傅雷夫人又来，送来傅聪生活费，并把傅雷的话转告傅聪：

⑩ 1983年9月10日采访毛楚恩于上海。

“你不在家里住，可以。生活费我可以给你。不过，你在毛伯伯家，照样要练琴，一点都不能放松！”

在我们家，尽管没有父亲监督，傅聪还是坚持每天练琴。一早起来，就练。他很有意思，一边弹，有时还一边唱。有些曲子，是他自己想出来的。

傅雷夫人常常来，给傅聪送来吃的东西。傅雷没来，他还在生气呢。

大约过了三个星期到一个月光景，傅雷的火气慢慢消了，托夫人传话，希望傅聪回家。傅聪呢?日子久了，气也消了，也想家。

于是，一天晚上，八九点钟光景，傅雷夫人拿了手电筒，接傅聪回去。

在布加勒斯特获得铜牌

1952年12月至1953年1月，傅聪在兰心剧场与上海交响乐团合作，演奏了贝多芬的第五钢琴协奏曲，纪念贝多芬逝世125周年。这是他平生第一次登上乐坛，那时他18岁。从此，傅聪开始了他的钢琴演奏事业。

关于傅聪的第一次演出，毛楚恩教授回忆说[11]：

傅聪第一次与上海交响乐团合作演出，我是该团小提琴手。傅雷关照我：“阿聪排练有什么毛病，请不必客气，随时给他指出。”

我发觉，阿聪的节奏不好。指挥也说：“傅聪的节奏不容易捉得牢(上海话，意即抓不住)。”

我把这意见告诉傅雷。很快的，傅聪就注意这一问题了。

傅聪出国参加联欢节前（1953年夏）

傅聪是在新中国诞生之后走上乐坛的，他是幸运儿。他的琴声，引起

⑪ 1983年9月10日采访毛楚恩于上海。

了上海音乐界的注意。

非常凑巧，就在他初登乐坛不久，北京派人到上海选拔青年琴手，准备参加1953年夏天在罗马尼亚举行的“第四届世界青年与学生和平友谊联欢节”的钢琴比赛。只有两个名额。

上海音乐界的老前辈推荐了傅聪，他参加了选择。最后，要在三位青年选手中确定两名。在这三位青年中，除了傅聪，另两位都是上海音乐学院的科班生。傅雷写了一封信给有关领导，建议把自己的儿子“刷”下来。他在信中说，虽然就琴艺而言，傅聪比另两位稍好一些，但是，这并不意味傅聪比他们高。他们两位在学校里，要花很多时间开会、搞运动，而傅聪在家专心学琴。只要给他们两位以充分的时间准备，一定会比傅聪弹得更好。傅雷常常告诫儿子，做一个艺术家，必须“德艺俱备人格卓越”。“刷”掉吧，这是多么难得的机会；可是，细细一想，傅聪能理解父亲的胸怀，他做了被“刷”掉的思想准备。

傅聪还是被选上了。这对于他来说，是终生难忘的。他是新中国的儿子，他知道如果不是政府和人民的培养和信任，一个在家自学的青年，怎么可能作为中国青年艺术团的成员，被派往国外参加比赛？

1953年7月25日至8月16日，在中国青年代表团团长、团中央书记处书记胡耀邦的带领下，傅聪和400多名中国青年一起，来到罗马尼亚。这是他平生第一次出远门，第一次出国，第一次参加国际比赛……从小家庭走到了大世界，走到了广阔的天地。新鲜，新鲜，周围的一切，对于傅聪来说，都感到新鲜。

与傅聪一起前往罗马尼亚、后来成为中央音乐学院教授的周广仁，接受我的采访时回忆说[12]：

1953年，到罗马尼亚参加世界青年联欢节，那里傅聪、史大正和我在独奏组，我是组长。我们共同相处了三个来月。我比他大6岁，把他作为弟弟看待。

傅聪的乐感极强，他的演奏以此取胜。他喜欢弹抒情的曲子，弹得很

⑫ 1983年9月19日在北京采访周广仁。

有感情。他很喜欢萧邦。他说，家里的唱片，萧邦的最多。

那阵子，他的演奏风格跟现在不同，很浪漫，很热情。

他练琴确实很刻苦。他一天要练好几个小时。有一次，琴房不够用，他就跑到一个像仓库一样的地方练。还有一次，要他演奏一支曲子，他从未演奏过，花了一个星期练习，就突击出来了，正式演出。

他的琴声富有诗意。这是他的特点。观众常常被他琴声中的诗意吸引住。

1953年的傅雷。这时傅聪刚从“第四届世界青年联欢节”得奖归来，傅雷喜气洋洋，这是难得一见的傅雷笑貌。

在布加勒斯特，傅聪获得了“第四届世界青年与学生和平友谊联欢节国际艺术比赛”的钢琴独奏三等奖，得到了一枚铜牌。8月16日，新华社发布了电讯，向全国报道了傅聪获奖的消息。那时，傅聪才19岁。对于那块铜牌，他并不满足。他看到吹横笛的李学全拿到的是金牌，心里想：我也应当拿金牌，为新中国争气！

在萧邦钢琴赛中脱颖而出

在联欢节结束之后，傅聪又作为中国艺术团成员到民主德国（当时简称“东德”）和波兰作访问演出。

他来到了萧邦的故乡。傅聪在七岁半开始学钢琴，就弹萧邦的作品。萧邦，是他钦慕已久的钢琴大师。傅聪喜欢萧邦的钢琴曲，也深深被他的生活经历所感动。萧邦是一位伟大的爱国者，在他的人生道路上铺满了荆棘。他二十岁就被迫离开祖国波兰，客居巴黎。他死的时候，才三十九岁。他留下遗嘱，请求友人把他的心脏带回祖国波兰！傅聪觉得，萧邦的乐曲就像李后主的词，充满着生死之痛和家国之恨。

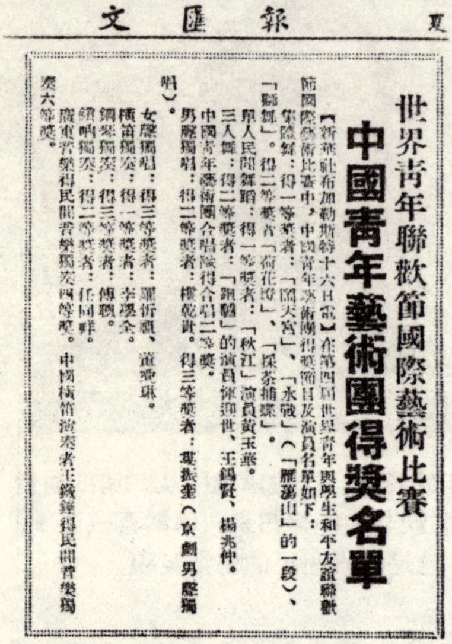
文匯報

世界青年聯歡節國際藝術比賽
中國青年藝術團得獎名單

【新華社布加勒斯特十六日電】在第四屆世界青年與學生和平友誼聯歡節國際藝術比賽中，中國青年藝術團得獎節目及演員名單如下：

集體舞：得一等獎者：「鬧天宮」、「水戰」（「雁蕩山」的一段）、「獅舞」。得二等獎者「荷花燈」、「採茶撲蝶」。

單人民間舞蹈：得一等獎者：「秋江」演員黃玉華。

三人舞：得二等獎者：「跑驢」的演員徐迎世、王錫賢、楊兆仲。

中國青年藝術團合唱隊得合唱二等獎。

男聲獨唱：得二等獎者：權乾貴。得三等獎者：蓮振奎（京劇男聲獨唱）。

女聲獨唱：得三等獎者：羅忻祖、黃愛琳。

橫笛獨奏：得一等獎者：李學全。

鋼琴獨奏：得三等獎者：傅聰。

嗩吶獨奏：得二等獎者：任同祥。

廣東音樂得民間音樂獨奏四等獎。中國橫笛演奏者王鐵錘得民間音樂獨奏六等獎。

1953年8月，十九岁的傅聪在“世界青年联欢节”国际艺术比赛中获钢琴独奏三等奖。这是当时上海《文汇报》的报道，傅聪的名字首次见报。

傅聪在波兰多次演奏了萧邦的作品，得到了波兰萧邦专家的重视。波兰政府正式向我国政府提出，邀请傅聪参加1955年2月至3月在华沙举行的“第五届萧邦国际钢琴比赛”……

据傅敏说，“罗马尼亚的联欢节比赛结束后，有一部分人组成了中国艺术代表团，赴波兰和民主德国访问演出。傅聪是团员之一，在波兰演出后，他弹得萧邦，大受波兰听众和音乐界欢迎，觉得他对萧邦的理解非同一般，于是由当时的波兰总统贝鲁特跟我们的艺术团团长周巍峙正式提出邀请傅聪参加萧邦比赛，同时在波兰留学。这样傅聪回国后，很快就得到批准，所以1953年11月下旬，傅聪刚从东德归来，在家才呆了一个多月，就去了北京作出国的准备，到1954年8月正式赴波。”[13]

傅聪清楚地记得，1954年1月17日，父亲，母亲，阿敏，全体出动，到上海北站送他上北京。火车远去，亲人们还伫立在月台上……

傅聪清楚地记得，在他离沪之前，上海音协在离傅家只有一箭之遥的上海第三女子中学为他举行了告别音乐会。那天，贺绿汀亲自主持音乐会，同时宣布组织上正式批准傅聪去波兰参加比赛和留学。贺绿汀发表了热情洋溢的讲话，对他寄托了莫大的期望……

傅聪清楚地记得，1954年8月，他受我国政府的派遣，来到了波兰。他很荣幸地能在波兰的“萧邦权威”杰维茨基教授亲自指导下学习。教授个子瘦小，头发花白，稍有点驼背，表情总是很严肃。他倾心指导这个中

⑬ 傅敏致叶永烈，2004年9月9日。

国学生，为了教好傅聪，他甚至特意训练了他的英语……

如同傅聪在信中所说：杰维茨基“作为教授，在风格上，在对每个作家的每个时期的作品的理解上，在世界上要算是有数的权威了。”“杰维茨基是波兰最好的教授，年轻的最好的波兰pianist (注：钢琴家)差不多全出于他门下。经他一说，好像每一个作品都有无穷尽的内容似的。他今年74岁(注：指1954年)，精神还很好，上课时喜欢站着，有时走来走去，有时靠在琴上，激动得不得了。遇到音乐慷慨激昂的时候，他会大声的吼起来，唱着。他有那么强的感染力，上课的时候，我会不自觉的整个投入到音乐中去。”“许多波兰同学都说，很少看到杰老师关心学生像关心我这样的。”“他的耳朵和眼睛，有敏锐的观察力，对于学生演奏的一点一滴，都注意得清清楚楚。”“他是一个非常严厉的老师，总是注意到每一小节的毛病。我所有的毛病都未能逃过他的耳朵。”

傅聪即将赴波兰参加比赛时的留影（1954年1月）

“我一直在紧张练琴。每两天就上一次课。教授的脾气可不小，我上课真有些害怕，但学到的东西真多。这回我才知道了天高地厚了，才知道好教授是怎么回事了。”

“他们对我期望非常高，我决不能辜负他们，而且也是自己和国家的体面，因此我得加倍用功。我每天练八小时以上，他们每人不过五小时。我来得太晚，准备得太晚，technics (注：技术)根基又差，不拼命是绝对不行的。”

那时候的傅聪“浑身都是青春的火花，青春的鲜艳，青春的生命、才华”，“一天天的长大成熟，进步，了解的东西一天天的加多，精神领域一天天的加阔，胸襟一天天的宽大，感情一天天的丰满深刻”。他确实处于“一生之中的黄金时代”！

2月22日，是萧邦的诞辰。五年一度的国际萧邦钢琴比赛，都是在这一天开幕。萧邦钢琴比赛，是世界乐坛上的大赛哪！离开幕之日越近，傅聪练琴越勤。他的手指尖弹痛了，就包上橡皮膏弹。深夜，他躺在床上，还在那里捉摸着萧邦作品的章节句读。

傅聪在波兰练琴，为参加“第五届国际肖邦钢琴比赛”作准备（1954年9月）。

第五届国际萧邦比赛，于萧邦145周年诞辰——1955年2月22日，在新落成的气势宏伟的华沙人民音乐厅，揭开了帷幕。那天，华沙飘着雪花。然而，为了得到一张音乐厅的票子，人们排着队在寒风中伫立数小时。

大会的主席为杰维茨基教授，四十多位不同国籍的著名音乐家、作曲家和钢琴家，组成了评判委员会。中国评委是中央音乐学院院长马思聪。评判是极其严格的。这一届，规定参加竞赛者的年龄为6岁至32岁，傅聪当时是21岁。他是新中国第一个参加萧邦钢琴比赛的人。强手如林。这一届来自27个国家的几十名选手，唯有他的资历最弱！西洋音乐传入中国，只不过半个世纪，而傅聪又是未经正式“科班”训练的人，没有正儿八经的“学历”。面对着这样隆重的国际比赛，他确实有点紧张。

知子莫若父。傅雷来信再三嘱咐傅聪：“你别把‘比赛’太放在心上，得失成败尽量置之度外，只求竭尽所能，无愧于心；效果反而好，精神上平日也可减少负担，上台也不致紧张。千万千万！”

意想不到，比赛的前夕，傅聪在练琴的时候用力过猛，手指受了伤！

第一轮比赛开始了。傅聪因为手指受伤，被排在最末一个。

“那一天轮到我，原定中午12点。在我前面还有三个人上台，从10点开始的。我10点半去，不料前面的三个不是手疼就是病，都不能弹。我一到，催场的人就说马上得出台，我手也冷，心理准备毫无；但我并没有慌。”

傅聪急匆匆走上舞台。放在他面前的，是一架他从未弹过的陌生的钢琴。那时候，他还缺乏演出经验，不懂得对于陌生的钢琴要事先试弹。他的手一按琴键，声音很响，把他吓了一跳。傅聪的心嘣嘣跳着，不由得收紧了。他弹得比较慢。有些不稳。但是还好，总算勉强通过了第一轮。

吃一堑，长一智。在第二轮比赛的时候，傅聪稳住了阵脚。渐渐的，他沉浸在萧邦的诗一般的音乐之中。他忘了这是比赛，忘了帷幕后坐着评判委员，忘了台下那众目睽睽的观众。傅聪发挥了自己的弹奏特点，这样，顺利地通过了第二轮。

傅聪在波兰华沙，为比赛作准备（1954年8月）。

在第二轮比赛中，又有二十一名选手被淘汰。只剩下20名，进入第三轮。

3月15日，傅聪参加第三轮演奏。这一次，他不慌不忙，挥洒自如。他的十个手指，自由自在地指挥着钢琴上的36个黑键和52个白键。他最充分地发挥了他的琴艺，处于最佳的竞技状态。傅聪的琴声刚刚消逝，台下立即爆发出雷鸣般的鼓掌声和热烈的喝彩声。他接连三次出台谢幕，那经久不息的掌声才慢慢平静下来……

3月20日，闭幕式。评委会宣布了获奖名单。第一名是波兰的哈拉澈维兹，第二名是苏联的阿希肯纳齐，傅聪名列第三。另外，他还荣获这次比赛唯一的“玛祖卡”最佳奖。“玛祖卡”是波兰民间舞曲，情绪饱满，感情纤细，变化多端。萧邦所写的“玛祖卡”，被认为是用道地的波兰方言写成的珠玉般的篇章，是萧邦作品中最难掌握的。一个中国人掌握这种充满波兰方言的“玛祖卡”，无异于西方人学唱中国京戏一样困难！

傅聪，终于成为第一个在国际性钢琴比赛中获奖的新中国的音乐家。

当天，新华社就播发了傅聪获奖的电讯和照片，向祖国人民报告喜讯。当晚八点，中央人民广播电台广播了这一消息。第二天，《人民日报》和各地报纸都刊登了这一消息。波兰的《人民论坛报》刊登了评论，认为傅聪“以抒情的手法诗意地完满地表达了萧邦乐曲中的幸福情感”。南斯拉夫、民主德国、苏联、意大利、英国、匈牙利等许多国家，也都对傅聪的演奏发表了评论。波兰人感到奇怪："这真是不可思议的，中国人怎么能那样深刻地抓住萧邦的灵魂？""傅聪是最有波兰性格的中国人！"南斯拉夫报纸以《钢琴诗人》为题发表评论，说得颇有见解："傅聪的演奏艺术，是从中国艺术传统的高度明确性脱胎出来的。他在琴上表达的诗意，不就是中国古诗的特殊面目之一吗？他镂刻细节的手腕，不是使我们想起中国册页上的画吗？"

傅聪在波兰"第五届国际肖邦钢琴比赛"第三名和祖玛卡演奏最优秀奖。这是获奖的照片（二十一岁，1955年3月）。

傅聪获奖后，为听众签名（1955年3月）。

傅聪获奖后，受到当时的波兰总统贝鲁特接见（1955年3月）。

马思聪先生在《人民音乐》杂志上发表了《关于傅聪得奖》一文。他说：

我这次代表中国音乐界到华沙去出席第九届国际萧邦钢琴比赛会做评判，亲自看到中国青年钢琴家傅聪在比赛会上获得优胜，感到非常高兴。这次比赛会最难得的是傅聪是玛祖卡舞曲奖的获得者，这个奖在全体比赛者中只奖一人。历届除波兰人外只有斯拉夫民族的苏联人曾获得过。这意味着傅聪对于萧邦音乐有着深刻的体会……

波兰的听众具有很高的音乐修养，萧邦是他们心中的骄傲。“音乐会完了以后，听众真是疯狂了，像潮水一般涌进来，拥抱我，吻我，让他们的泪水沾满了我的脸；许多人声音都哑了，变了，说他们一生从来没有如此感动过，甚至说：‘为什么你不是一个波兰人呢?’”

“你的路程还长得很”

1955年3月21日上午，傅雷致信傅聪：

期待了一个月的结果终于揭晓了，多少夜没有睡好，十九日晚更是神思恍惚，昨(二十日)夜为了喜讯过于兴奋，我们仍没睡着。

……东方升起了一颗星，这么光明，这么纯净，这么深邃；替新中国创造了一个辉煌的世界纪录！……多少迂回的路，多少痛苦，多少失意，多少挫折，换来你今日的成功！可见为了获得更大的成功，只有加倍努力，同时也得期待别的迂回，别的挫折。我时时刻刻要提醒你，想着过去的艰难，让你以后遇到困难的时候更有勇气去克服，不至于失掉信心！人生本是没穷尽没终点的马拉松赛跑，你的路程还长得很呢：这不过是一个光辉的开场。

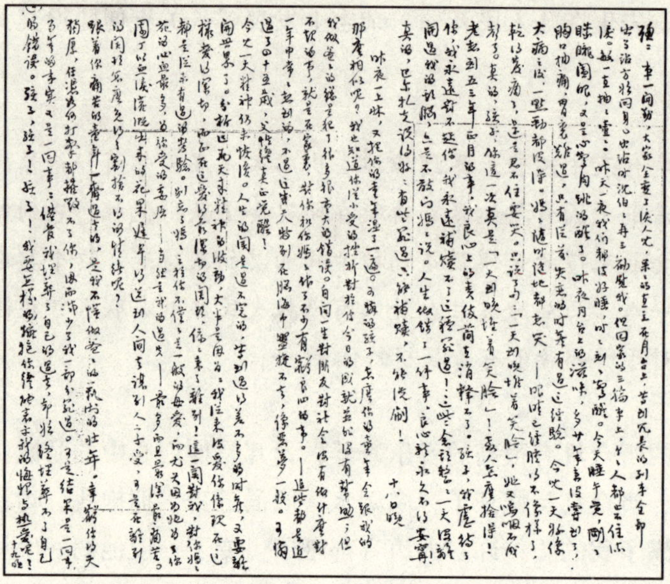

傅雷给傅聪第一封家书的墨迹（1954年1月18日、19日）。傅聪于1954年1月中旬离家去北京，为去波兰参加和留学作准备。傅雷给傅聪的第一封信是寄到中央歌舞团（中央乐团的前身）的。

就在傅聪的道路上铺满鲜花、他的耳边响着一片赞扬声的时候，傅雷在家书中为儿子敲响了警钟：“遇到极盛的事，必定要有‘如临深渊，如履薄冰’的格外郑重危惧、戒备的感觉。”

1956年9月，傅聪回上海，在家练琴，准备在上海的四场音乐会。

傅聪在写给父母的信中，诉说了自己对祖国的深情：

我在波兰，波兰人爱我爱得那么深，那么热；我也爱波兰；爱得一样深，一样热。他们都说我是一个波兰化的中国人，中国籍的波兰人，但我究竟还是属于我最亲爱的祖国的。我想念祖国，想它的美丽的山河，想千千万万从事于正义的事业的人们，我感觉到他们就在我身旁，就在我心里。看你们的信，看祖国的书报，处处感到伟大的中国的灵魂。……我想也许我还是诗人的气质多，而Ｃｈｏｐｉｎ(注：萧邦)的诗人气质也特别接近中国诗词。所以我说我能成为波兰人，正因为我是中国人。记得列宁有句话，说要成为一个国际主义者，必须先是一个热爱祖国的人。这里面是有深意的。

这次无论谁，批评(注：指评论)我的演奏时，总处处提到中国的古文化。那是使我最快乐的，因为能使别国人通过我而更崇敬我的祖国的文化。我也相信中国人具备别国人所没有的优越条件，将来一定会开出极美的花朵来。

我爱你们，也因为爱你们而更爱我的祖国，也因为更爱祖国而更爱你们。

随着傅聪日渐成熟，傅雷与傅聪也就从父子关系逐渐成为朋友关系。

1956年9月，二十二岁的傅聪回到上海。由于在波兰获得大奖，傅聪成了“新闻人物”，成为记者们采访的对象。傅聪在上海举办了“傅聪独奏音乐会”，还与上海乐团合作演奏“莫扎特作品音乐会”。

上海音乐会后，傅聪游西湖（1956年9月下旬）。

傅聪忙，傅雷更忙。他不仅要为“傅聪独奏音乐会”以及傅聪与上海乐团合作演奏“莫扎特作品音乐会”写说明词，而且还要应付各报刊关于傅聪的约稿。

幸亏傅雷夫妇与傅聪躲开记者的追逐，到杭州小住五天。在那里，傅雷倒变成了一个记者，“采访”傅聪。傅雷的“报道”，就是连载于1956年11月18、19、21日的《与傅聪谈音乐》。通篇用问答式。傅雷成了记者（或者说是节目主持人），不断向傅聪发问，傅聪则一一回答。

傅雷还写了《傅聪的成长》一文，记述傅聪的成长过程，发表于1957年4月出版的第八期《新观察》杂志。

2001年，傅聪在接受记者采访时说及1956年回家的情形：

爸爸这封信里说的事我还记得：

"亲爱的孩子，你走后第二天，就想写信，怕你烦，也就罢了。可是没有一天不想着你，每天清晨六七点就醒了，翻来覆去地睡不着，也说不出为了什么。真的，你那次在家一个半月，是我们一生最愉快的时期，这幸福不知应当向谁感谢。我高兴的是我多了一个朋友，儿子变了朋友，世界上有什么事可以和这种幸福相比的？尽管将来你我之间离多聚少，但我精神上至少是温暖的、不孤独的。我从你身上得到的教训恐怕不比你从我得到的少，尤其是近三年来，你不知使我对人生多生了几许深刻的体验，我从与你相处的过程中学得了忍耐，学到了说话的技巧，学到了把感情升华…"

那还是我在波兰留学的时候，第一次回国，大概是1956年吧！我在家里觉睡得很少，跟家里人有说不完的话，特别是跟我爸爸，简直是促膝长谈呵！整晚谈的是各种各样的题材，音乐上的，哲学上的，真是谈不完！

我在13岁到17岁之间有三年多的浪子生涯，一个人呆在昆明，念云南大学时我才15岁。当时我当然没念什么书，整天在搞什么学生运动啊、打桥牌啊、谈恋爱啊…可以说我17岁回到上海的时候比一般17岁的孩子要早熟，那时我才真的下决心要学音乐。那时我和父亲之间已经象朋友 一样了！后来出国几年，自信心也多一些，56年回上海，跟爸爸聊天的时候，他那种特别的感觉就是父亲和儿子真的变成朋友了！他对我说的很多话都会肃然起敬，我讲的音乐上的道理他觉得已经到了一个水平。对他来说，这不是父亲和儿子的问题，而是学问的问题，在学问面前他是绝对谦虚的！

离开上海时父亲的临别赠言其实我从小就听他说过："做人，才做艺术家，才做音乐家，才做钢琴家。"其实对我来说，怎样做人是一个很天然的事情。我从小已经有了一个很明确的信念——活下来是为了什么？我追求的又是什么？ 父亲说先要做人然后才能做艺术家。艺术家的意思是要"通"，哲学、宗教、绘画、文学…一切都要通，而且这"做人"里头也包括了做人的基本的精神价值。这个面很广，不一定是要在琴上练的，而是要思考。我的这种思考无时无刻不在进行。

傅雷一手把傅聪培养为音乐家。然而，他对傅敏的"方针"全然不同。当傅敏初中毕业的时候，与傅雷发生激烈的争吵。

父子俩的争吵，原因很简单：傅敏要求报考上海音乐学院附中，而傅雷则坚决不同意。

傅敏比傅聪小三岁。大概从小耳濡哥哥那黑白键落出的音乐之声，傅敏也酷爱音乐。

傅敏回忆说："大约是1951年，一个偶然的机会我发现三楼的杂物间

傅聪和母亲在杭州
（1956年9月下旬）

傅敏与母亲在上海江苏路寓所校花园
（1953年4月）

里有一把小提琴，我就跟宋家婆婆（即宋琪母亲）提起这事。她说这是原来住在这儿的一个犹太人房客留下的，你要喜欢，你就拿去学琴吧，就这样，我开始了学小提琴。"[⑭]

这把小提琴送给傅敏，成了他最心爱的伴侣。

找谁教琴呢？

找雷伯伯！

雷垣教过傅聪弹钢琴。他更擅长小提琴。他一听说傅敏要学小提琴，

⑭ 傅敏致叶永烈，2004年9月9日。

二话没说，收下了这个小弟子。此后，傅敏还曾师从过中央乐团小提琴家韦贤章和原上海音乐学院管弦系主任、小提琴家陈又新。

兄弟俩你弹我拉，陶醉于音乐世界之中。傅聪早就立志当钢琴家，而傅敏也暗暗地立下誓言，要做一个小提琴手！

傅敏要求上音乐学院附中。万万没有料到，傅雷摇头！

傅敏实在想不通：他跟傅聪是亲兄弟，父亲为什么厚此薄彼？

然而，傅雷一旦打定了主意，用十头牛来拉，他也不会回头！傅雷对满脸泪水的阿敏，作了如下说明：

“第一，家里只能供一个孩子学音乐。你也要学音乐，我没有这能力；

“第二，你不是搞音乐的料子；

“第三，学音乐，要从小开始。你上初中才学琴，太晚了。学个‘半吊子’，何必呢?”

最后，傅雷补充了一句：“你呀，是块教书的料！”

胳膊拧不过大腿。没辙！傅敏只得听从父亲的意见：从华东师大一附中初中毕业之后，直升该校高中，打消了半途投考上海音乐附中的念头。

第六章 误入『阳谋』

傅雷在寓所前的花园（1961年）

走出书斋参加“鸣放”

傅雷亲笔填写的履历表：

1952年起任上海作家协会理事。

1955—1957年：曾任市政协委员。

1957年：曾任上海作协书记处书记。

紧接着，是一行用辛酸的泪水写成的文字——“1958年4月，上海作协整风，结论为右派分子。”

“左”的灾祸，终于降临在傅雷的头上。

1958年4月30日下午，傅雷前脚跨出家门，后脚就不打算再回来了！

他面孔清癯，双眼布满血丝，默默地步入“批判大会”会场。

一个终日闭门译书的书生，怎么会变成“右派分子”的呢？

细细追究起来，“墙洞里的小老鼠”——傅雷走出书斋，变得十分“活跃”，始于1956年的下半年。

1956年傅雷夫妇和傅聪在杭州。

那是在1956年4月28日，毛泽东主席在中共中央政治局扩大会议上提出，艺术问题上的“百花齐放”，学术问题上的“百家争鸣”，应该成为我国发展科学、繁荣艺术的方针。[①]

1956年5月26日，中共中央宣传部部长陆定一作了题为《百花齐放，

① 据傅敏说，这是上海傅雷纪念馆南汇博物馆筹备处王树华主任告诉他的，在傅雷家谱上查实的。

百家争鸣》的讲话，对毛泽东确立的这一方针进行详细阐述。

由“百花齐放，百家争鸣”，引伸出了“鸣”与“放”。

从此，“鸣”与“放”，成为中国报道上的高频词。

从“鸣”与“放”，又发展为“大鸣大放”。

到了1957年，“大鸣大放”成为中国报道上的高频词。

多么不可思议的1957年：

鸣放时期傅雷非常积极，正好楼适夷出差上海，傅雷留他住在家里，而且还让他写了好几篇文章，同时拍了这张照片（1957年5月）。

傅雷是《文汇报》的社外编委。1957年元旦，他在《文汇报》上发表的《闲话新年》，语调是乐观的。

本来蜗居书斋的傅雷，在1956年下半年的“屋外热流”的推动，频频“鸣放”，撰写关于知识分子问题、整风问题、文艺界问题、出版界问题的“鸣放”文章十二篇，发表于上海《文汇报》。可以说，傅雷从来没有这么活跃过。

1957年3月，傅雷被“拉”出书斋，以特邀代表身份，赴北京列席中共中央宣传工作会议，亲耳聆听毛泽东的讲话，受到极大的鼓舞。要知道，作为没有“单位”的他，向来外出要自掏腰包。这一回，他是特邀代表，待为上宾，一切差旅费全部由公家报销。

1957年3月17日，傅雷在北京写信给傅聪，那激动之情溢于纸上：

此次会议，是党内会议，党外人士一起参加是破天荒第一次。毛主席每天分别召见各专业小组的部分代表谈话，每晚召各小组召集人向他汇报，性质重要可想而知。主要是因为“百家争鸣”不开展，教条主义顽抗……

我们党外人士大都畅所欲言，毫无顾忌，倒是党内人还有些胆小。

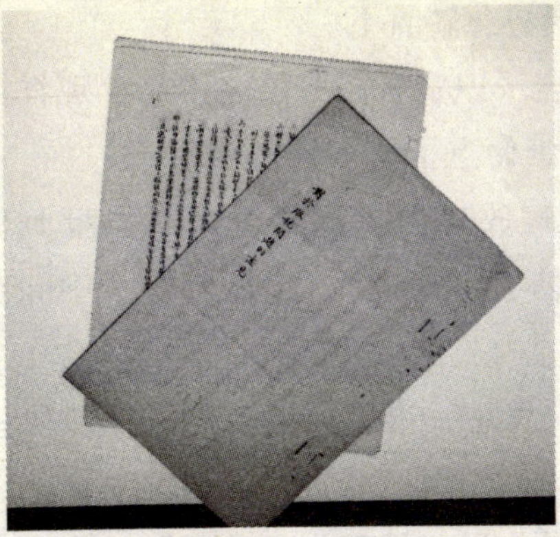

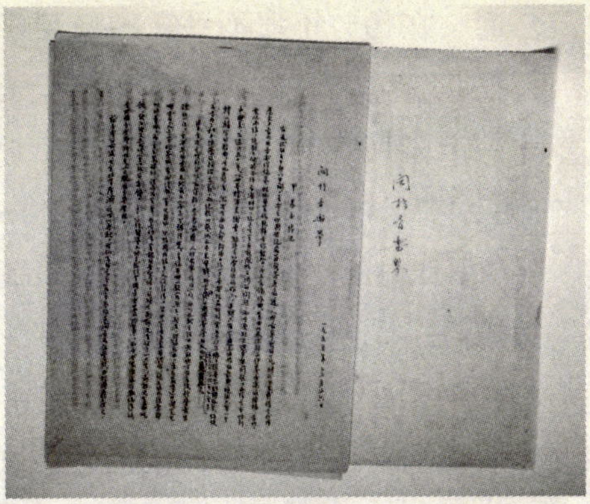

傅雷作为政协委员，在鸣放期间所提意见书之一——《关于版税问题的意见》，意见书之三——《关于音乐界》（1956年）。

傅雷对此深信不疑，也就全身心投入“大鸣大放”，毫无顾忌地“大鸣大放”。

一介书生，哪知道这是“阳谋”！明明是号召“知无不言，言者无罪”，哪知到头来会“秋后算帐”，“以言定罪”！

这就叫“引蛇出洞”！这就是“阳谋”！

心无城府的傅雷，大鸣大放，非常活跃。他原本与音乐界并无瓜葛，在北京参加中共中央宣传工作会议期间，却“越界”写了《向中央领导谈“音乐问题”提纲》，向中共中央宣传部副部长周扬谈音乐界存在的问题[②]：

关于民族音乐研究问题；

关于风气——道德——修养问题；

学校现状；

专家问题；

特殊问题。

5月初，在邵荃麟的动员下，他出任上海作家协会书记处书记。

②《傅雷文集·艺术卷》，安徽文艺出版社1998年版。

然而，在1957年那不平常的夏天，形势急转直下。

7月6日，傅雷还在《文汇报》上发表《识别右派分子之不易》那样的文章。一个多月后，8月22日，上海的报纸便点了傅雷的名字。

8月24日，上海的《文汇报》、《解放日报》都刊载文章，批判傅雷。《文汇报》上的大字标题为《市政协大辩论进入高潮 傅雷“中间路线”思想……受到批判》。

8月26日，《文汇报》上《批判错误思想，准备反击右派——政协座谈会旁听侧写》一文，醒目报道傅雷在市政协再度受批判的情况。会上，傅雷“他自认为是一个有糊涂思想的普通人民，属于中间分子”。会上的“批判”调门却很高，指责傅雷“亲美”、“反苏”。

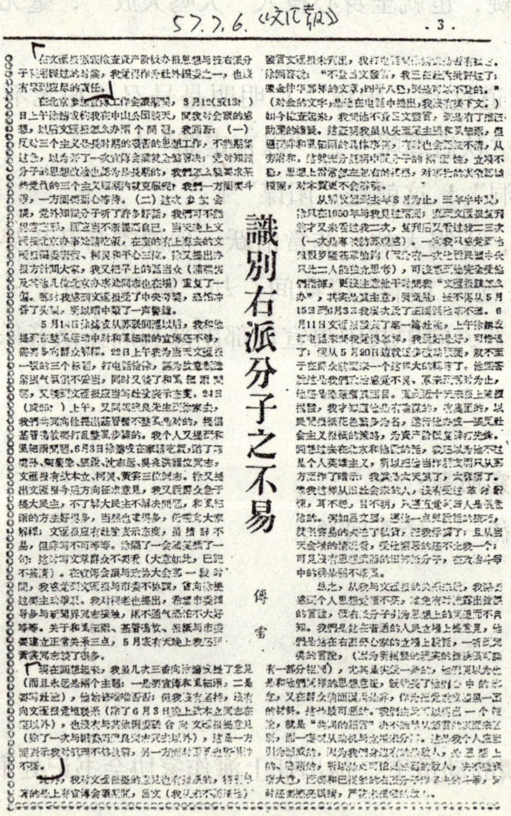
57.7.6.《文汇报》

識別右派分子之不易

傅雷

傅雷充满诗意的生活，被1957年『反右派运动』的暴风骤雨所扫荡。然而，就在『右派分子』的帽子已经在傅雷头上旋转的时候，书生气十足的傅雷居然毫无察觉，还在1957年7月6日的《文汇报》上发表《识别右派分子之不易》！

联系具体思想　反复深入争論

市政協大辯論進入高潮

傅雷“中間路綫”思想和王普涵“唯后果論”受到批判

夏历丁酉年七月廿九　十五白露　第3版

傅聰的成就靠誰？

傅雷的鞭子，还是党的培养？

辛艺　剑平

灾难终于降临到傅雷的头上。在上海市政协，傅雷的“中间路线”思想遭到批判。码“大批判”甚至还涉及到傅聪，上海《文汇报》和《解放日报》同时发表《傅聪的成就靠睡？傅雷的鞭子，还是党的培养？》。在傅雷被打成“右派分子”之后，傅聪惧怕回国后落入父子相互“揭发”的困境，含愤从波兰出走英国。

这次教训太大太深了

1957年12月23日，傅雷夫人在写给傅聪的信上说：

“作协批判爸爸的会，一共开了十次，前后作了三次检查，……人也瘦了许多，常常失眠，掉了七磅。工作停顿，这对他最是痛苦，因为心不定……五个月来，爸爸痛苦，我也跟着不安，也瘦了四磅……爸爸做人，一向心直口快，从来不知‘提防’二字，而且大小事情一律认真对付，不怕暴露思想，这次的教训可太大太深了。”

哦，是呵，“这次的教训可太大太深了”！

刘海粟和傅雷同成“右派”。他如此回忆当年情景[3]：

我这个人好说话，口无遮拦，不顾上下左右的“人际关系”，狂士之言，在某种不正常的政治气候里，便成为悖逆之词。所以我被戴上“帽子”，可以说是“咎由自取”。

傅雷却与我不同，他不会信口开河，更不会任意得罪人，他的毛病是清高、孤傲、不随和。

不管上面谁提出的问题，在他没认识之前，决不苟同。他于是成为不能被领导和不能合作者，受到冷遇。一次，文教科技界的鸣放会要我参与主持，我就拉了傅雷去。当时发言的有周谷城、苏步青等。傅雷是第六个发言，他是个诚实的君子，对党一片赤诚，讲了一些肝胆相照的话，毫无私心。我发言，就是反对在院系调整中不从实际出发的任意搬迁(引者注：指当时要把华东艺术专科学校从上海迁往西安)。傅雷又接我的话再次发言，支持我的观点。

结果我和他都成了“右派”。傅雷因我而被戴上“帽子”，我感到非常歉疚、遗憾……

就这样，短短一年间，傅雷从党的宣传工作会议特邀代表、上海作协新任书记处书记，一下子跌为上海“中间路线”的代表人物。右派分子的帽子已经在傅雷头顶上盘旋，仿佛随时都可能降落在他头上。

就在这个时候，上海文艺界一位好心的领导、中共上海市委宣传部部长石西民，找傅雷谈话。

据石西民的女儿石晓华回忆[4]，石西民非常尊重傅雷，喜欢“傅译”。当时，石晓华正在上中学，石西民要女儿读“傅译”。石西民说，傅雷的

③ 刘海粟：《情思不尽忆故人——怀念挚友傅雷》，1990年1期《人物》。

④ 2004年7月23日在上海采访石晓华。

译笔非常好，“傅译”值得读。

石西民想“保”傅雷过关，暗示傅雷把“检讨”的调子唱得高一点，承认自己“反党反社会主义”，哪怕是说“实质上是反党反社会主义”也行，以求得“认识深刻”，免戴帽子。

“检讨一下，过一下‘关’吧，反正检讨是不花钱的!”石西民这样“启发”傅雷。

不料，傅雷冷冷地说：“没有廉价的检讨。人格比任何东西都可贵!我没有反党反社会主义，我无法作那样的‘深刻检查’!”

1983年秋，石西民在一次讲话中，忆及了这段往事。他无限感叹地说：“傅雷是有个性、有思想的铁汉子、硬汉子!作为知识分子，他把人格看得比什么都重。他不认为错误的东西，是不会检讨的。他不会口是心非!”

据朱人秀对笔者说[5]，当时的中共上海市委的负责人也曾经在党内会议上说：“有两个人要保，一个是傅雷，一个是赵超构。”

赵超构，笔名林放，上海《新民晚报》总编辑。

赵超构确实“保”下来了。然而，在1958年的“反右补课”之中，傅雷再也无法幸免。

在“批判大会”上，没有什么新鲜货色，依旧重复着前几次会上的陈词滥调：

“傅雷，你坚持资产阶级民主，反对社会主义民主!”

这结论够吓人的。然而，“批判 ”者列举的论据，却只不过是傅雷在一次朋友间的闲谈中说的一句话：“选举先圈定名字，总归不民主。”如此而已。

“傅雷，你反对共产党，反对社会主义!”

大帽子底下空空如也。“批判”者勇敢地“揭发”傅雷在反官僚主义时针对某单位人事处所说的话：“……人事处像休养所，像养老院，成了官僚主义的温床，本单位(运动)的绊脚石。” 还有，把傅雷1947年发表的《我们对苏美关系的态度》等文章也找了出来，无限上纲，说他“反苏

⑤ 1985年7月8日在上海再度采访朱人秀。

立场是一贯的，在目前仍未改变”。“反苏”，在那样的年月，是一种非常可怕的罪名。就这样，在1958年4月30日下午，他被“批判”之后，宣布戴上“右派分子”帽子。

夜深沉，未见傅雷归家门。

一向脾气温和的傅雷夫人，此刻心急如焚。她深知，“无罪无辜，谗口嚣嚣”，刚直不阿的丈夫受不了这样的冤屈。他是一个宁可站着死、不愿跪着生的人。她担心，无端受戟指怒目之辱，他会拂袖而去，离开人世。

很久很久，终于响起了敲门声。夫人急急开门。门外站着傅雷，疾首蹙额，怅然若失。

夫妇俩在书房里黑灯对坐，默然无言。

很久很久，傅雷喟然长叹，这才说了一句话：“如果不是因为阿敏还太小，还在念书，今天我就……”

傅聪出走英伦

1959年初，在傅雷的书房里，保姆把一杯清茶放在客人面前。

自从错划“右派”以来，傅雷深居简出，闭门谢客，“门前冷落车马稀”。尽管如此，有两个人常来：一是朱梅馥的胞兄朱人秀，二是挚友周煦良教授。正因为这样，傅雷在1959年11月5日填写的履历表的“社会关系”一栏内，总共三位，即上海的朱人秀、周煦良和北京的楼适夷。

此刻坐在书房藤椅上的是周煦良。解放前，他们一起合编过《新语》半月刊。解放后，两家仅一箭之遥，过从更密。周煦良是作家、文学翻译家、教授，而且与傅雷一样是《文汇报》的社外编委，跟傅雷有着许多共同语言。

往常，周煦良一来，海阔天空，无所不聊。然而，这一次他手中捧着茶杯，一口也未喝。沉默良久，他放下茶杯，从藤椅上站了起来，在书房里踱着方步。

敏感的傅雷从周煦良的反常的举止，预感到不祥的征兆。

尽管周煦良事先已经打好腹稿，选择好最为婉转的词句，以求尽量减弱对傅雷的“冲击波”，然而此刻他在傅雷焦灼的目光下，乱了方寸。

那是在昨天，上海作家协会的负责人之一叶以群特地来到周煦良家，把一份内部简报拿给周煦良看，他说：“组织上考虑到你和傅雷很熟悉，由你转告，比较合适。另外，请你转达一位中央领导同志的意见——‘各人做事各人当。不会连累他，请他放心。’”

周煦良欲言又止，在傅雷面前迟疑再三，终于说出了那具有爆炸性的消息：“上月，傅聪从波兰乘飞机出走英国!”

如同五雷轰顶，顿时，傅雷像一座木雕似的，一动不动坐在那里，半晌说不出一句话来。　虽然周煦良说了许许多多宽慰的话，还是无法减轻傅雷心灵的痛楚。

傅雷与周煦良在傅家的校花园
（1964年12月）

他不思茶食，倒在床上。向来，他“早上一起来，洗脸，吃点心，穿衣服，没有一件事不是用最快的速度赶着做的；而平日工作的时间，尽量不接见客人，不出门；万一有了杂务打岔，就在晚上或星期日休息时间补足错失的工作。”可是，此刻他撇下工作，什么也不干了。

第二天，也未吃早饭、中饭……他陷入无言的悲痛之中。

傅聪是他的爱子。“孩子，世界上像你爸爸这样的无微不至的教导，真是罕有的。”然而，一想到爱子居然出走伦敦，他不寒而栗!

自从他受“批判”、成了“右派分子”的消息传开之后，“左”的灾难波及到正在波兰留学的傅聪。“有其父必有其子”，傅聪在留学生中也成了“批判”对象。

后来成为中央音乐学院院长、作曲家的吴祖强先生，在接受笔者的采访时回忆说[⑥]：

作曲家吴祖强

傅聪跟我，可以说是“患难之交”。1957年，他在波兰留学，我在苏联留学。他的父亲被错划“右派”，我呢，哥哥吴祖光被错划“右派”。当时，留学生集中学习，受“批判”的有三个人，其中两人便是他和我。集中学习时，我们都住在北京文化部招待所，住在一起，真的成了“患难朋友”。整来整去，整不出什么“小集团”，也就算了。于是，他回波兰，我回莫斯科。

2003年4月9日吴祖强的大哥吴祖光去世时，记者解嵋采写了《吴祖强细说大哥吴祖光》，这么写及当年吴祖强与傅聪同受批判的情形：

“1957年我正在前苏联柴可夫斯基音乐学院留学，暑假时我回国，刚到北京就被拉去参加‘揭批吴祖光右派言论’大会。”当时，台上在批判发言，台下吴祖强的心里犹如翻江倒海，他不敢相信，他不能理解，追求进步、热爱共产党的大哥怎么可能有反对党的言论和行为？！批判会上逼他揭发大哥，他沉默不语。因此，“和右派划不清界限、丧失革命立场”的帽子又扣到了吴祖强的头上。这时在留学生中“开辟反右斗争的第二战场”，吴祖强和李德伦、傅聪一起，成为主要批判对象。

吴祖强被通知集中住到文化部招待所，全天参加运动，不能再在家里住了。临走时，吴祖光来送他。望着日渐消瘦的大哥，吴祖强忘掉自己的处境，以最真挚的情感诉说从小对大哥的崇敬，如何在大哥的影响下追求进步、参加革命……听到这些，吴祖光再也抑制不住心中的痛苦和委屈，

⑥ 1983年9月18日，在北京采访中央音乐学院院长吴祖强。

两人紧紧相抱，放声大哭。泪水，表达着他们彼此的理解、彼此的感激，和更多说不出的痛苦。正是这兄弟间的骨肉深情，在那个非常时期，支撑着吴家兄弟，鼓起生活和希望的勇气。

傅敏则是这么说及傅聪受到批判的内幕⑦：

吴祖强是留学苏联的，他和傅聪是傅聪到苏联演出时认识的，同时还有李德伦。1957年傅聪归国度假，怎么会卷入到挨批判的漩涡里去的呢?原来傅聪在整风鸣放期间，很积极，给李德伦写了信，李德伦觉得傅聪说得对说得好，于是到处把傅聪的信给人看，这样，在北京音乐界学生中李德伦是第一号，吴祖强是第二号，本来严良堃是第三号，结果傅聪回来了，就成了第三号挨批对象了！后来，傅聪差一点出不去，最后是夏衍保了他，才又回波兰学习的。

楼适夷先生对笔者也谈及傅聪出走的一些内情⑧：

那次傅聪回国，时间紧，只在北京逗留，不能回上海。傅雷不放心，打长途电话给我，告诉我傅聪住在马思聪家里，要我替他去看一下傅聪。我马上去马思聪家，见到了傅聪。我已经好久没与傅聪谈话，发觉他思想比以前活跃得多。他在闲聊中跟我谈到了苏联问题、波兰问题，等等。我当时就劝告他，你作为留学生，不应该去谈论这些问题。回去后，我遇见文化部周巍峙，向他反映了傅聪的情况。周巍峙又把情况转告了文化部副部长钱俊瑞。钱俊瑞一听，便把傅聪找来，批评了一顿，并说再这样下去，就把你调回来，叫你下乡劳动去!显然，钱副部长的有些话说重了。傅聪回到波兰之后，没多久，就接到回国的通知——离他毕业还有半年。其实，这个通知与钱俊瑞无关。可是，这使傅聪心中产生很大的误会，以为要调他回国下乡劳动，而他弹钢琴的手一旦拿锄头种地，就会大大影响他

⑦ 傅敏致叶永烈，2004年9月9日。

⑧ 1983年9月27日，在北京采访老作家、傅雷好友楼适夷。

的琴艺。这个误会，也是使他产生出走念头的原因之一……

其实，在二十世纪五十年代，出走意味着冒天下之大不韪，要有足够的勇气。

傅聪的出走经过，对于傅聪来说是一个非常敏感的话题，所以他本人在媒体前从未谈及内中的细节。笔者采访了当年在波兰跟傅聪一起留学的同学史大正[9]，他倒是谈了其中诸多内情：

傅聪当时与我们不一样。傅聪在国际比赛中得过奖，因此小有名气，常常有人邀请他去演出。他有收入，自己单独住，进出坐出租汽车——为此说他过的是‘资产阶级生活方式’，批判过他。

傅聪的出走，得到一位英籍音乐教师的帮助。这位教师翻看傅聪的护照时，说了一句至关重要的话：‘你的护照是全欧洲通用的！’原来，傅聪与我们一般的留学生不同，因为他有时要到波兰以外的国家演出，所以发给他可在欧洲通用的护照——这一点，连傅聪自己也未曾注意到。于是，在那位英籍音乐教师的帮助下，傅聪悄悄买到了从华沙飞往伦敦的机票，决定出走英国。由于他单独在外边居住，他的行动避开了中国留学生的注意。他在收拾行李时偶然被来访的同学撞见，可是同学以为他在准备回国，并未在意。

傅聪坐在飞往英国的班机上时，

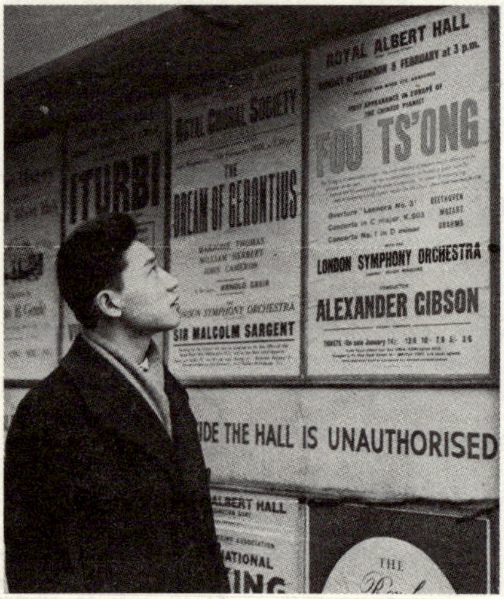

傅聪望着它1959年2月8日在伦敦初次登台的演出海报，喜悦的心情中包含着无限忧伤——关注它艺术人生的父母在万里之外，无法来聆听他在海外的首演。自此傅聪以自己的琴艺，在世界音乐演奏舞台上开始其光辉的征程。这次首演的曲目是莫扎特和勃拉姆斯的钢琴协奏曲，与伦敦交响乐团合作，指挥是吉伯森。

⑨ 1983年9月15日，在北京采访傅聪好友史大正。

正遇伦敦有雾，班机推迟起飞。这时，中国驻波兰大使馆已经察觉傅聪的动向，正要采取措施，伦敦上空的雾散了，班机起飞了。

傅聪还在空中，外国通讯社便已发出了关于他出走的电讯。

傅聪刚刚飞抵伦敦机场，外国记者们便包围了他。他一句话也没有说，钻进轿车，飞驰而去，甩掉了尾随的记者……

傅聪是一个出走者，但不是一个叛国者。他的出走在当时是出于迫不得已。用傅聪的话来说，那就是“逼上梁山”。

对于出走，傅聪在1980年回忆这段往事时，说了他当年的处境和心情：

我是被逼上梁山的。1957年整风反右时，我和父亲几乎同时挨整，他在上海，我在北京，我是从波兰被召回来参加整风反右的。我写了个检查，后来我仍被允许回波兰继续学习。我走后，对父亲的批判越来越扩大化了。我在波兰听到很多关于他的传说。1958年12月，我留学毕业，如果我回来，势必是‘父亲揭发儿子、儿子揭发父亲’，可是我和父亲都不会这样做。当时我是被逼上梁山的。当然，对我的走我永远是内疚的。

顺便提一笔，据吴祖强回忆，“出走”一词始于傅聪。吴祖强对笔者说，想来想去，没有比“出走”一词更合适、更妥切的了！

不愿因“右派”而改名

头上戴着“帽子”，爱子远走异国，傅雷苦闷已极。就在这时，苦中加苦，愁上添愁：

1958年，傅雷把巴尔扎克的《赛查·皮罗多盛衰记》译出来了，寄到人民文学出版社，被束之高阁；

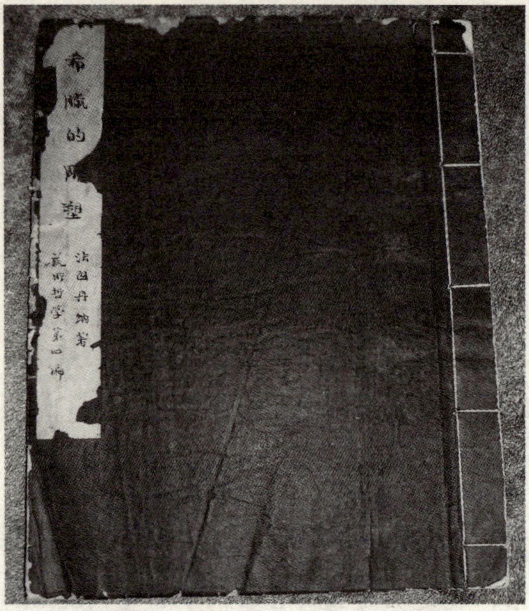

傅雷用毛笔抄录《艺术哲学》第四篇“希腊的雕像”，计六万余字，图为傅雷亲自装订的手稿（1961年1月至2月）。

自1958年6月至1959年5月，花费近一年时间，译出丹纳的《艺术哲学》。“思之怅怅。——此书原系1957年‘人文’向我特约，还是王任叔来沪到我家当面说定，寄出后又搁浅了。……”

傅雷以译书为业，以稿费为经济来源。译稿不能出版，对于他来说是致命的打击。

是原著有问题?不，不，他译的是法国文学艺术名著。

是译文有问题?不，不，他的译笔是一流的。

为什么不能印行呢?原因就出在他头上那顶大帽子!

“改个名字，用笔名出书吧!”出版社向傅雷提出这样的建议。傅雷一向淡于名利，改用笔名出书本也无妨。再说，这也并无先例，周作人就改用鲜为人知的原名“遐寿”、别名“启明”为笔名，出版著作?

然而，由于他是“右派”而要他改署名字，傅雷坚决不干。他认为，给他戴帽本来就是错误的，因戴帽而改署名字则更是错上加错。他宁可不出书，坚决不改名!

这时候的傅雷，鲜明地显示了“小老鼠”和“狮子”的双重性格：一方面，在强权面前，他确实是“小老鼠”那样的弱者。当权者说你是“右派分子”，你就是“右派分子”。你不改名，不给你出书，就是不给你出书；然而，傅雷面对强权，虽然明显处于弱势，但是却像狮子一样顽强，敢于反抗。你要我改名，我偏不改！我宁可不出书，也不改名！

傅雷这个坚决不改名的故事，是当事人、人民文学出版社副社长兼副总编辑楼适夷告诉我的。根据楼适夷先生的回忆，我把傅雷坚持不改名一事，写入关于傅雷的报告文学。

然而，在1987年9月2日，上海《文汇报》发表吴德铎先生的文章《傅雷拒绝改名了吗？》，却说傅雷并无拒绝改名一事，要加以“纠正”[10]：

傅敏寄来不久前出版的《傅雷一家》（天津人民出版社出版），读后发现其中有些地方和事实大有出入，为了对读者、亡友及其家属负责，我感到有必要将我所知道的事实说出来，以免以讹传讹，甚至说假成真。

这书20–21页，叙述了一个“傅雷拒绝改名”的故事，大意是说老傅被错划后，出版社要求他“改个名字，用笔名出书吧”，这一要求，遭到傅雷的拒绝，“就这样，在他戴帽期间，他不出一本书。

从情节来说，这诚然是个很动人的故事，说明傅雷的耿直、顽强，大有不为为五斗米折腰之风。

傅雷的刚直不阿，世所共知（他的错划，原因也就在此）。但这个改名的故事，据我所知，并无其事。

吴德铎先生以为“这个改名的故事，据我所知，并无其事”的依据，是1959年庆祝建国十周年的时候，人民文学出版社在上海《文汇报》刊登整版图书广告，上面便印着傅雷的译作，“从《查第格》到《嘉尔曼》，全都列入”。不过，吴先生也承认，“这幅广告中，所有外国作品，都只列原作者名，不具中文译者名”。

其实，人民文学出版社广告中所列的傅雷译作，都是傅雷被错划为右

⑩ 吴德铎，《傅雷拒绝改名了吗？》，1987年9月2日《文汇报》。

派之前出版的。

作者在北京采访傅雷挚友楼适夷（叶永烈摄）

为此，楼适夷先生郑重其事亲笔写了三页信纸给我，详细叙述事情的经过，指出吴德铎先生“纠正者却是错误的”。

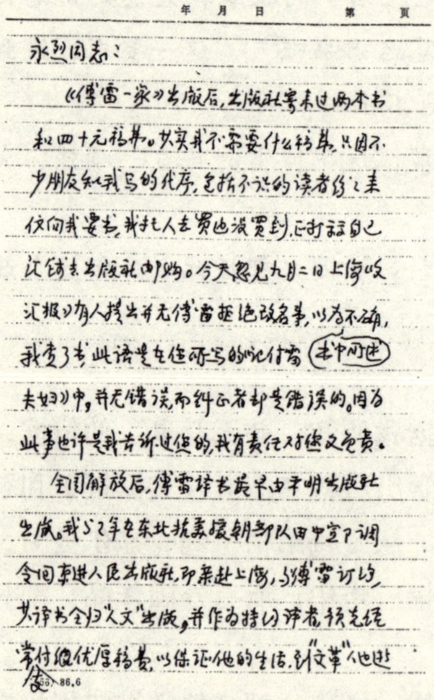

年 月 日 第 页

永烈同志：

《傅雷一家》出版后，出版社寄来过两本书和四十元稿费。其实我不需要什么稿费，只因不少朋友知我写的代序，包括不识的读者纷纷来信向我要书，我托人去买也没买到，正打算自己汇钱去出版社邮购。今天忽见九月二日上海《文汇报》有人提出并无傅雷拒绝改名事，以为不确，我查了书，此语是在您所写的《记傅雷（书中所述）夫妇》中，并无错误，而纠正者却是错误的。因为此事也许是我告诉过您的，我有责任对您文负责。

全国解放后，傅雷译书是由平明出版社出版。我52年在东北抗美援朝部队由中宣部调令回京进人民出版社，即亲赴上海，与傅雷订约，其译书全归"人文"出版，并作为特约译者预先经常付给优厚稿费，以保证他的生活。到"文革"他也还

楼适夷致叶永烈函

由于此信涉及傅雷生平的重要事实，现照录于下：

永烈同志：

《傅雷一家》出版后，出版社寄来过两本书和四十元稿费。其实我不需要什么稿费，只因不少朋友知我写的代序，包括不识的读者纷纷来信向我要书，我托人去买也没买到，正打算自己汇钱去出版社邮购。今天忽见九月二日上海《文汇报》有人提出并无傅雷拒绝改名事，以为不确，我查了书，此语是在您所写的《记傅雷夫妇》中，并无错误，而纠正者却是错误的。因为此事也许是我告诉过您的，我有责任对您文负

责。

全国解放后，傅雷译书最早由平明出版社出版。我（19）5 2年在东北抗美援朝部队由中宣部调令回京进人民文学出版社，即亲赴上海，与傅雷订约，其译书全归“人文”出版，并作为特约译者，预先经常支付优厚稿费，以保证他的生活，到“文革”他逝世时止，出版社支付是他唯一生活来源。（19）5 8年被划为“右派”后，除过去已出之书照常重印外，照规定“右派”不能出书，我们请示中宣部（当时是周扬和林默涵），据指示要傅雷继续译书，但新出书须改名，此事由社总编辑室主任郑郊洵同志去函商量，傅雷回信拒绝。是出版社内部商定，一面仍请译书，并按规定支送稿酬，一面将稿压下，准备他摘帽后出版，这样积稿的，即有《幻灭》等稿，是后来出的。不出新书，是照上级指示办事，照样请译并予支付，则为出版社自定办法。故（此处似漏“要”字——叶注）傅雷改名，是实有其事，为此事我在“文革”中成为重要罪名之一，《文汇报》一文作者，仅在报上见旧译重版广告，断定无拒绝改名之事，是错误的。我把事实告诉您，要不要去更正，由您去办吧。

……

您的新作，还常常读到。我老病寂处，偶或写些而已，殊不足道。

即此

祝好

楼适夷

（19）87年9月3日

此后，傅敏在1987年10月4日给我来信，也提及此事：

文汇报9月2日文章想已读到，此文写得莫名其妙。上月中旬，楼老（楼适夷）给我一函，谈到：“最近《文汇报》有一文，批文叶的文章，但所批材料是我提供，完全确实的。批评认为并无其事，强不知以为知。”他说也已给你去信。

苦闷之中书法大见长进

在那些苦风凄雨终日绵绵的日子里，周煦良为了给挚友排闷，听说他喜欢书法，便给他送来字贴。

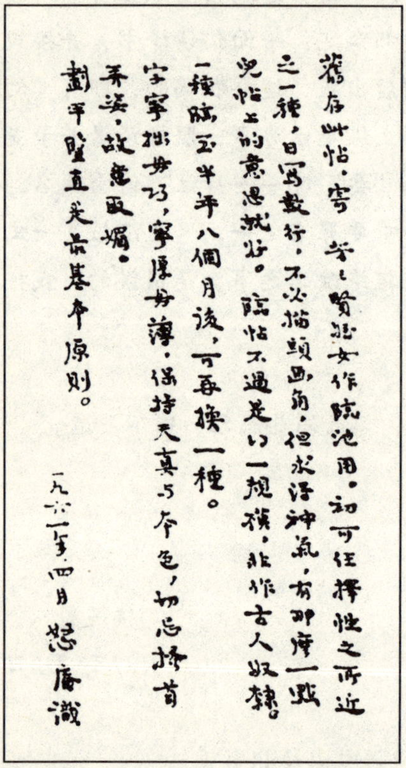
舊存此帖，寄芳芳賢姪女作臨池用。初可任擇性之所近之一種，日寫數行，不必描頭畫角，但求得神氣，有那麼一點兒帖上的意思就好。臨帖不過是以一規矩，非作古人奴隸。一種臨至半年八個月後，可再換一種。字寧拙毋巧，寧厚毋薄，保持天真與本色，切忌搔首弄姿，故意取媚。劃平豎直是吾基本原則。

一九六一年四月 怒庵識

1961年4月，傅雷（怒庵为傅雷原名）给友人之女萧芳芳所写的一封谈书法的信。

傅雷做事，一不做，二不休。他竟练字入迷。他的字日见得体。

周煦良忆及此事，曾道："当时我跟他一起练书法。我无心，他有心。我的字无大进步，他的字大见长进。"

傅雷的手稿，成了书法艺术的珍品。正因为这样，后来举办的"傅雷家书墨迹展览"曾使多少观众赞叹不已。

香港著名电影演员萧芳芳把傅雷在1961年4月写给她的一封信，赠给傅雷亲属，在"傅雷家书墨迹展览"上展出。

萧芳芳原名萧亮，苏州人。她因在《梅姑》一片中表演优异，荣获第二届东南亚影展最佳童星奖，一举成名。《苦儿流浪记》也是她童星名作。此后，她主演过150多部电影，如《冬恋》、《紫色风雨夜》等。她主演的电视连续剧《林亚珍》也很受欢迎。

傅雷怎么会给萧芳芳写信呢？

萧芳芳的母亲为成家和。成家和曾经是上海美术专门学校学生，刘海粟的第二任妻子，所以与傅雷认识。成家和与刘海粟离异之后，居香港，与傅雷常有通信。傅雷与成家和、成家榴、成家复姐弟，都是好友。

萧芳芳非常珍视傅雷写给她的信。在这封信中，傅雷谈论了他对书法艺术的独到见解，既可以说是傅雷学习书法的心得之谈，同时也是指导青少年学习书法的入门阶梯：

旧存此帖，寄芳芳贤侄女作临池用。初可任择性之所近之一种，日写数行，不必描头画用，但求得神气，有那么一点儿帖上的意思就好。临帖不过是得一规模，非作古人奴隶。一种临至半年八个月后，可再换一种。

字宁拙毋巧，宁厚毋薄，保持天真与本色，切忌搔首弄姿，故意取媚。

横平竖直是基本原则。

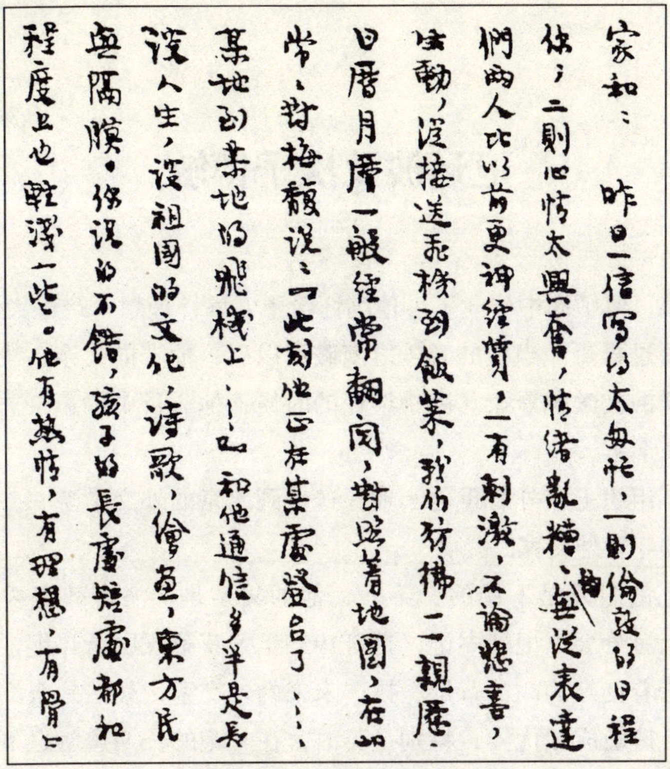

家和：

昨日一信写得太匆忙，一則倫敦的日程
依依，二則心情太興奮，情緒亂糟糟，無從表達
們兩人比以前更神經質，一有刺激，不論悲喜，
心動，從接送飛機到飯菜，我們彷彿一一親歷。
日曆月曆一般經常翻閱，對照着地圖，左如
常，對梅馥說：「此刻他正在某處登台了……
某地到某地的飛機上……」和他通信多半是長
談人生，談祖國的文化，詩歌，繪畫，東方民
無隔膜。你說的不錯，孩子的長處短處都加
程度上也輕淺一些。他有熱情，有理想，有骨

长卷——1965年5月13日就傅聪在香港演出一事
给友人成家和的长信手迹

处处留心皆学问。

虽然傅雷逊称："无论是碑贴、字画、小古董、种月季，尽管不时花费一些精神时间，也常常暗笑自已，笑自已愚妄，虚空，自欺欺人的混日子!"但是，他向来"特别吝惜时间(在朋友中出了名)"，他积闷于心也不会"自欺欺人的混日子"。

他居然研究起"中国书法的变迁、源流，已弄出一些眉目，对中国整个艺术史也增加了一些体会"。

"即如种月季，我也决不甘心以好玩为限，而是当做一门科学来研究；养病期间就做这方面的考据。"

他，"天生的求知欲强于一切!"

厄运波及次子傅敏

1956年，傅敏高中毕业了。他满怀希望、满怀理想，跨进大学之门。

他羡慕过哥哥。当他的音乐之梦破灭以后，他转向父亲，决心做一个象父亲那样的文学翻译家。高中毕业的时候，他心目中的第一志愿是复旦大学外国文学系。

然而，组织上格外看重他，要保送他到北京的外交学院——培养他成为新中国的年轻外交家!

组织上的眼光是不错的：第一，他的父亲是上海市政协委员、中国作家协会上海分会书记处书记，哥哥1955年荣获第五届萧邦钢琴比赛第三名。家庭有着良好的政治背景。挑选未来的外交家，显然是很注意这一点的；第二，傅敏成绩优异，特别是英语，在父亲的长期熏陶之下，已是同学中公认的佼佼者；第三，外交家需要广博的知识。傅敏出自书香门第，终日在书海中遨游，在书山上拾级，这一点更毋庸置疑。

顺顺当当，轻轻松松，在同学们羡慕的目光之中，傅敏步入北京的外交学院大门。未来，像闪光的彩盘，在傅敏眼前不停地旋转着。

傅雷次子傅（1956年于上海）

气温，突然从春风般温暖，剧降到朔风般酷寒。

傅敏永远难忘的日子：

1958年4月30日，父亲傅雷被错划为“右派”；

八个月后，傅聪从波兰出走，前往英国。

双重打击，朝傅敏袭来。

傅敏，同样是傅敏。然而，在他的身后，他的家庭背景的色调，一下子出现强烈的反差：父亲，从著名的民主人士一下子变成“反党反社会主义”的“右派分子”；兄长，从著名的青年钢琴家一下子变成了……

用那时候的话来说，傅敏的家庭背景，从“红”变“黑”。

在“反右”那阵子，傅敏成了重点的“批判对象”。

用不着加任何注释：1959年秋天，外交学院忽然把傅敏作为“代培生”，调入北京外国语学院，插入英语系三年级学习。外交家之梦，从此彻底破灭了。

傅敏强忍着内心的隐痛，在冷漠的目光之中，终于在1962年暑假毕业。

他等待国家统一分配。他，等得心焦，度日如年。他的同班同学一个一个接到了分配通知书，到大学，到出版社，到研究所……唯有他，望眼欲穿，还是不见分配通知书。

总算传来消息，他可能分配到北京市教育局——这，意味着他会去当中学教员。

然而，通知书，通知书，怎么如此姗姗来迟？

傅敏在外交学院上学（1957）

幕后的事，一直到“文革”，从大字报上，傅敏才知道：他，一个有着“可怕的”家庭背景的大学毕业生，竟然没有一个单位敢要他！

一个可敬可爱的老大姐挺身而出，说：“这么个高材生，你们不要，我要!”

她，杨滨，北京第一女中的老校长。她与晁涌光、王季青(王震夫人)、苏灵扬(周扬夫人)，被人们称为北京中学界的“四大校长”。她是一位“三八式”的老干部：1938年奔赴延安；1938年加入中国共产党。

杨滨是一位有胆有识、思贤如渴的共产党人。当她听副校长佟沛珍说起傅敏在局里没人要，就调看了档案。她明知傅敏有那样的背景，二话没说，把他要了过来。她叮嘱党支部成员，谁都不许把傅敏的家庭情况往外说。

就这样，盼星星，盼月亮，久等了半年，傅敏终于接到分配通知书，前往北京第一女中报到。

说实在的，在傅敏的理想的银幕上，出现过第一提琴手的镜头，出现过翻译家的镜头，出现过外交家的镜头，出现过大学教授的镜头……不过，从未有过中学教员的镜头——尽管父亲曾说过他“是块教书的料”，而他不以为然。万万没有想到，竟给父亲在十年前言中了！

傅敏跨出大学校门，跨入中学校门。杨校长亲自接待这位25岁的青年。他压根儿不知道是杨校长苦心孤诣把他“要”来的。他仿佛觉得前途暗淡，理想之花凋谢。泪水，终于夺眶而出……当晚，他唯有在给他父亲的信中，倾诉心中的痛苦。

1961年9月30日，报上终于登出这样的消息：摘去傅雷的“右派分子”帽子。

看着报上的消息，傅雷的脸上没有笑容。他冷冷地说：“当初给我戴帽，本来就是错的!”

1962年12月2日，傅雷在给傅聪的信中，这么写道：

“敏于11月底分配到北京第一女中教英文。校舍是民房，屋少人多，三四个人住一间。青年人应当受锻炼，已尽量写信去给他打气。”

傅敏勤勤恳恳做事，认认真真教书，一板一眼，从不马虎。

没多久，杨校长就让傅敏开试验班，上观摩课，把他作为教学骨干使用。许多外校的都前来观摩，称赞这位上海小伙子有两下子。渐渐地，傅敏在英语教学上，小有名气了。由于杨校长的保护，学生和一般教师，谁都不知道他是傅雷之子、傅聪之弟，只知道他是北京外国语学院毕业的高材生……

傅敏与母亲在南京民孝陵（1962年10月）

1964年4月12日，傅雷在给傅聪的信中，以十分满意的心情，谈起了傅敏：

阿敏去冬年假没回来，工作非常紧张，他对教学相当认真，相当钻研，校方很重视他。他最近来信说：‘我教了一年多书，深深体会到传授知识比教人容易，如果只教书而不教人的话，书绝对教不好，而要教人，把学生教育好，必须注意身教和言教，更重要的是身教，处处要严格要求自己，以身作则。越是纪律不好的班，聪明的孩子越多，她们就更敏感，这就要求自己以身作则，否则很难把书教好。’他对教学的具体情况，有他的看法，也有他的一套，爸爸非常赞同。你看我多高兴，阿敏居然长成得走正路，这正是我俩教育孩子的目的，我们没有名利思想，只要做好本门工作就很好了，你做哥哥的知道弟弟有些成绩，一定也庆幸。

傅敏订出了《十年规划》，寄给父亲。他努力教学，而且打算在教学之余，搞些翻译。他着手翻译《英语史》，译了前两章，寄往家中。傅雷详加批改，认认真真写了一封近二十页的长信寄给傅敏，指出在翻译中要注意什么，要朝什么方向努力……

1962年11月底，傅敏终于分配至北京女一中任教音乐。这是傅敏在女一中宿舍备课（1963年）。

第七章　傅雷家书

1960年的傅雷（五十二岁）

周恩来、陈毅的关心

傅聪的出走，使傅雷陷于双倍的痛苦之中。

傅聪出走之后，本来家书频繁、借笔长谈的父子俩，断绝了消息。

“别忘了杜甫那句诗：‘家书抵万金’!”傅雷曾多次这样叮嘱过傅聪。如今，万金难买一纸家书!

作者多次采访朱人秀

其实，傅聪出走之后，在1959年初，就给父母写了一封详细的信。这封信由于内容涉及傅聪的出走，显然被中国有关部门扣留很久，直到1959年7、8月，这封信才交到傅雷手中。傅聪呢，在英国得不到父母的消息，而谣传说傅雷被中共抓起来了，他心急如焚!

在异国他乡，傅聪常常梦见父母；而父母也常常梦见儿子，他们只能在魂梦之中才相见。在杳无音讯的年月，傅聪多么想得到父亲的来自祖国的信，哪怕是片纸只言!

上海老作家、傅雷好友柯灵先生接受笔者采访时说[1]：

傅聪出走以后，陈毅同志对夏衍说，应当争取他回来。只要回来了，没事。夏衍把我找去，要我把这层意思转告傅雷。我如实告诉了傅雷，他表示要做好傅聪的工作。

就在傅雷最困难的时候，通过夏衍，通过柯灵，捎来了周恩来总理、

① 1985年1月1日，在北京采访老作家、傅雷好友柯灵。

陈毅副总理的话："祖国的大门，任何时候都对傅聪开着。只要愿意回来，欢迎!"

消息传来，傅雷夫妇枯木逢春，灰冷的心中燃起了炽热的希望之火。

也就在这个时候，从朱人秀②那里，传来了感人的新信息。

朱人秀，傅聪叫他"天舅舅"。那是因为上海浦东人除了取正式的名字外，在家里总是叫"×官"。朱人秀在家中叫"天官"。依此顺推，他便成了"天舅舅"。朱人秀在解放前是地下党员，解放后任上海市统计局局长兼党委书记。

在傅雷最苦闷的年月，中共党组织也通过朱人秀做傅雷夫妇的思想工作。因为朱人秀与傅雷有着亲戚关系容易接近。他的话，傅雷能够听进去。那段时间，他几乎每星期五都抽空去傅家探望。朱人秀了解到傅雷强烈地希望与傅聪通信，而傅雷是"右派分子"，傅聪又身蒙恶名，傅雷不敢贸然给儿子去信。朱人秀向上海市有关领导请示。不久，他转告傅雷，可以与傅聪通信。

就这样，中断了十个月的联系，又恢复了。1959年10月1日，中华人民共和国成立十周年的日子，傅雷写出中断联系之后的第一封给傅聪的信。

傅雷把信交给朱人秀，说是交给组织上审阅。这样做了三四次之后，朱人秀告诉傅雷，今后的信不必交组织上审阅，你们父子之间尽管通信。

傅雷家书得以延续。傅雷的一封又一封长信，飞往伦敦。傅聪曾说，收到父亲的信，心中的石头落了地！他明白，说他父亲被抓起来了，纯属谣言。傅雷的信，使傅聪这个身处异国的断了线的风筝，又维系在祖国的大地上。

虽然傅雷无端受冤，境遇凄冷，却怀着一颗赤诚的心，谆谆教诲儿子毋忘祖国，永远维护祖国的尊严。傅雷的爱国之情，跃然纸上，那是他崇高品格的写照，那是他深厚父爱的聚焦：

---

② 1983年9月5日，在上海采访傅雷夫人的哥哥朱人秀。

孩子，十个月来我的心绪你该想象得到；我也不想千言万语多说，以免增加你的负担。你既然没有忘怀祖国，祖国也没有忘了你，始终给你留着余地，等你醒悟。我相信：祖国的大门永远向你开着的。

你如今每次登台都与国家面子有关：个人的荣辱得失事小，国家的荣辱得失事大!你既热爱祖国，这一点尤其不能忘了。

你不依靠任何政治经济背景，单凭艺术立足，这也是你对己对人对祖国的最起码而最主要的责任!当然极好，但望永远坚持下去，我相信你会坚持，不过考验你的日子还未来到。至此为止你尚未遇到逆境。真要过了贫贱日子真正显出“贫贱不能移”!居安思危，多多锻炼你的意志吧。

父与子在纸上倾心长谈

傅聪读着父亲的这些掷地有声的话语，心中充满了对父亲的崇敬之情，充满了对祖国的崇敬之情。

傅聪为自己制定了“三原则”：

一、不入英国籍；

二、不去台湾；

三、不说不利祖国的话，不做不利祖国的事。

他决心靠自己的艺术立足、谋生。傅聪终于保持了艺术的纯洁，没有出卖灵魂!

傅聪来到英国伦敦之后，记者们簇拥而来。他闭门不见。

有一位外国记者说，只要他同意作为该刊的封面人物报道，可以付他一大笔钱。但是，傅聪却一口回绝了他。傅聪懂得什么叫“自爱”。正如父亲傅雷所说：

自爱即所以报答父母，报答国家。

你是以艺术为生命的人，也是把真理、正义、人格等等看做高于一切的人。

记者们不断地纠缠着，把傅聪称为“中国的叛逆”。傅聪忍无可忍，在1959年接待外国记者，公开申明了自己的“三原则”。

傅聪为自己制定了“三原则”：
一、不入英国籍；
二、不去台湾；
三、不说不利祖国的话，不做不利祖国的事。
这是傅聪在英国伦敦。

开头那几年，傅聪过得很艰苦。弹琴为生，收入甚微，他受到经纪人的重利盘剥。他没有为自己的名利奔走于权贵之门。在这个时候，傅聪才深深理解颜回当年的处境和心境：“一箪食一瓢饮，回也不改其乐。”他把“富贵于我如浮云”当作自己的一条理想准则。在异国他乡，傅聪只能以钢琴为伴。除了演出之外，他在家关门练琴。此时此刻，他更爱萧邦的乐曲，这些作品，不正是远离故土，为倾 写的吗?

深深的思念之情，只能倾注在家书上。父与子在纸上倾心长谈。

傅雷在书房（1964年）

父亲在回信中写道：

聪，亲爱的孩子，每次接读来信，总是说不出的兴奋，激动，喜悦，感慨，惆怅……我看了在屋内屋外尽兜圈子，多少的感触使我定不下心来。

最近三个月，你每个月都有一封长信，使我们好像和你对面谈天一样，这是你所能给我和你妈妈的最大安慰。父母老了，精神上不免一天天的感到寂寞。唯有万里外的游子归鸿使我们生活中还有一些光彩和生气。

二十世纪六十年代，傅聪与世界著名音乐家梅纽因切磋演奏技艺，为演出莫扎特和贝多芬的钢琴小提琴奏明曲作准备。

最使傅聪感动不已的是，父亲竟然“每天抄录一段，最后将近一个月方始抄完”，专为他“特意抄出丹纳《艺术哲学》中第四编‘希腊雕塑’译稿六万余字，钉成一本”，远度关山，

寄到儿子手中。看到那密密麻麻、端正秀丽的毛笔字，傅聪为父亲的苦心孤诣流下了热泪!

世界上哪有这样深厚的父爱?

母亲在给儿子的信中，详细诉说了当时的情景：

他一向知道你对希腊精神的向往，但认为你对希腊精神还不明确，他就不厌其烦的想要满足你。……爸爸虽是腰酸背痛，眼花流泪(多写了还要头痛)，但是为了你，他什么都不顾了。前几天我把旧稿(注：指《艺术哲学》)，替他理出来，他自己也吓了一跳，原来的稿子，字写得像蚂蚁一样小，不得不用了放大镜来抄，而且还要仔仔细细地抄，否则就要出错。他这样坏的身体，对你的devotion(注：热爱)，对你的关怀，我看了也感动。孩子，世界上像你爸爸这样的

无微不至的教导，真是罕见。

父亲是名副其实的园丁。他不断用热忱的话语，激励远方的儿子保持自己的气节：

……你能始终维持艺术的尊严，维护你严肃朴素的人生观，已经是你的大幸。还有你淡于名利的胸怀，与我一样的自我批评精神，对你的艺术都是一种保障。但愿十年二十年之后，我不在人世的时候，你永远能坚持这两点。恬淡的胸怀，在西方世界中特别少见，希望你能树立一个榜样！

傅聪爱上梅纽因之女

傅雷一直关心傅聪的婚姻。

傅聪在英国（1962年6月）

傅聪曾有过难忘的初恋。那是傅雷一位老朋友著名画家的女儿，跟他青梅竹马，有过纯真的爱。傅聪回首往事时，曾用这样一句话，表达自己一片深情：“只有初恋，才是真正的爱情!” 傅聪结识了美国小提琴大师梅纽因。梅纽因的坦率、幽默和高深的音乐修养，使傅聪与他结下了忘年交。这位“小提琴之王”，三岁学琴，七岁登台，在西方有着“神童”的美誉。当白发爬上了“神童”的双鬓，他已成了世界乐坛权威。

傅聪曾与梅纽因联袂同台演出。他跟这位小提琴大师交往日益密切，以至有了不寻常的关系：他，爱上了梅纽因前妻诺拉的女儿弥拉。

在来到伦敦一年零八个月时，傅聪在家书中向父母透露了喜讯，顿时使傅雷夫妇“心中说不出的欢喜和兴奋”。

傅雷给傅聪去信：

深思熟虑，然后决定，切勿单凭一时冲动；我觉得最主要的还是本质的善良，天性的温厚，开阔的胸襟。有了这三样，其他都可以逐渐培养。

对方把你作为她整个的世界固然很危险，但也很宝贵。

三个多月后，26岁的傅聪和21岁的弥拉，在伦敦举行了婚礼。

当时，傅雷夫妇都去信祝贺。傅雷非常坦率地向弥拉介绍了傅聪的为人：

聪是一个性情相当易变的艺术家，诙谐喜悦起来像个孩子，落落寡欢起来又像个浪漫派诗人。有时候很随和，很容易相处；有时候又非常固执，不肯通融。而在这点上，我要说句公道话，他倒并非时常错误的。其实他心地善良温厚，待人诚恳而富有同情心，胸襟开阔，天性谦和。

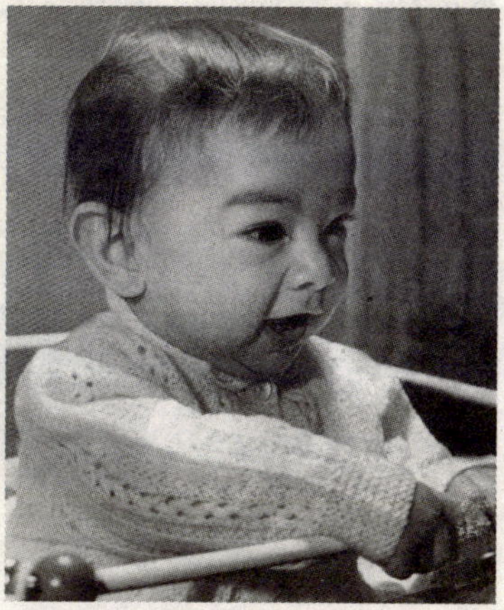

傅凌霄（一岁），穿着奶奶亲手编织的毛衣（1965年）。

1964年，当傅雷夫妇听说弥拉要当妈妈，喜不自禁。傅雷夫人“一个月来，陆陆续续打了几件毛线衣，另外买了一件小斗篷，小被头，作为做祖母的一番心意”，寄往英国。

孩子尚未降生，是儿是女尚不得知。“孩子的名字，我们俩常在商量，因为今年是龙年，就根据龙的特性来想，前两星期去新城隍庙看看花草，有一种叫凌霄的花，据周朝桢先生说，此花开在初夏，色带火黄，非常艳丽，我们就买了一棵回来，后来我灵机一动，‘凌霄’作为男孩子的名字不是很好么?声音也好听，意义有高翔的意思；传说龙在云中，那末女孩子叫‘凌云’再贴切没有了，我们就这么决定了。再有我们姓傅的，三代都是单名(你祖父叫傅鹏，父雷，你聪)，来一个双名也挺有意思。”

1964年，傅聪的一封信，又传来了爆炸性的消息，使傅雷再度陷于无尽的痛苦之中。

在英国多年，傅聪一直恪守自己的“三原则”。然而，长住英国而不入英国籍，他是钢琴家，一年到头要“跑码头”，要去许多国家演出。不入英国籍，在签证时诸多不便。万不得已，傅聪于1964年加入英国籍。

傅聪把此事告知父亲。傅雷心乱如麻，几个月不给傅聪回信。后来，直到傅聪的长子凌霄出生，给傅雷拍来电报报喜，傅雷这才于1964年10月31日复函：

朱梅馥在看傅雷给儿媳打英文信（1961年）

几次三番拿起笔来给你写信都没有写成，而几个月来保持的沉默，使我坐立不安。

我们从八月到现在的心情简直无法形容。你的处境、你的为难、你迫不得已的苦处我们都深深地体会到，怎么能只责怪你呢?可我们就是如何再谅解你也减轻不了我们沉重的心情。民族自尊心受了伤害，是短时期内所不能解除的，因为这不只是“小我”利益得失问题。包括万处随和、事事乐观的你的妈妈也耿耿于怀，伤感得不能自主。不经过这次考验，我也不知道自己在这方面的感觉(民族自尊感)有多强。

1959年你向记者发表的谈话，也自然而然地回到我们的脑子里来。你想，这是多么大的刺激。我们知道一切官方发表的文件都只是一种形式，任何的法律手续也都约束不了一个人的心，在这一点上我们始终相信你。我们也知道文件可以单方面地取消，只有暂时远远地望不见罢了；何况理性是理性，感情是感情，理性悟出的事情，不一定能让感情接受。不知你是否理解了我们几个月来保持沉默的原因，能不能想象我们这回痛苦的深度。不论工作的时候或是休息的时候，心灵上总是罩着一道阴影，心坎里老是压着一块石头。我们比什么时候都更想念你，可是我同你妈妈都不敢谈到你，大家都怕碰到双方的伤口，从而加剧自己的伤口。我还暗暗地提心吊胆，生怕国外的报纸、评论以及今后的唱片说明提到这件事。

傅雷夫妇在寓所小花园
（1961年深秋）

孩子出生的电报来了，我们的心情便更加复杂了。这样一个喜事发生在这么个时期。我们感到心里说不出来是什么滋味。百感交集、乱糟糟的一团，让我们怎么表示，说什么好呢?

所有这一切你岳父(犹太人)都不能理解。他有他的民族感，他有他的民族悲剧性的命运，这个命运他们多年来早已习以为常、不以为悲剧了，看法也就当然地同我们的不一样。然而我绝不承认我们的看法是民族自大、是顽固，他的一套是开明、是正确的。他把国籍看作一个侨民对东道国应有的感激的表示，这是我绝对不同意的……接到你岳父那封信后，我不愿多说，为了是使我不和他争辩，可是我和他的分歧点应该让你知道。

用不着加任何说明，傅雷那种强烈的民族自尊心和爱国主义精神，充满字里行间，每一个读者都能从中感受。

弥拉生下来男孩。于是，便取名为凌霄。

强烈的思乡之情，时时萦绕在傅聪的心头。1965年5月，他路过香港，赶紧打长途电话给家里。那天，是妈妈接电话。傅聪只喊一声“妈妈”，喉头便哽住了，千言万语，一句话也说不出来!

七年了，父与子、母与子第一次通话，第一次听见彼此的呼唤声，第一次听见亲切的话语，双方都激动万分。

傅聪在家信中说:

真想不到能在香港和你们通电话，你们的声音口气，和以前一点没

傅雷在书桌前（1961年）

有分别，我好像见到你们一样。当时我心里的激动，辛酸，是欢喜又是悲伤，真是非言语所能表达。另一方面，人生真是不可捉摸，悲欢离合，都是不可预料的。谁知道不久也许我们也会有见面的机会呢?你们也应该看看孙子了，我做了父亲是从来没有过的自傲。

这一次出来感想不少，到东南亚虽然不是回中国，但东方的风俗人情多多少少给我一种家乡感。我的东方人的根，真是深，好像越是对西方文化钻得深，越发现蕴藏着在我内心里的东方气质。西方的物质文明尽管惊人，上流社会尽管空谈文化，谈得天花乱坠，我宁可在东方的街头听嘈杂的人声，看人们的笑容，一股亲切的人情味，心里就化了……

这些杂乱的感想不知能否表达我心里想说的。有一天能和你们见面，促膝长谈，才能倾诉一个痛快……

傅雷呢?在家书中这么写道：

傅雷和傅敏在寓所前的小花园（1961年）。

香港的长途电话给我们的兴奋，简直没法形容。5月4日整整一天我和你妈妈魂不守舍，吃饭做事都有些飘飘然，好像在做梦；我也根本定不下心来工作。尤其四日清晨妈妈告诉我说她梦见你还是小娃娃模样，喂了你奶，你睡着了，她把你放在床上。她这话说过以后半个小时，就来了电话!怪不得好些人要迷信梦!

6月5日，傅聪又路过香港，两度打长途电话给父亲，他的心情，还是那样激动，以致忘了喊“爸爸”。傅雷觉得这是极大的憾事——因为傅雷已经多年没有听见儿子亲切的叫喊“爸爸”的声音。他在家书中十分郑重地对儿子说：

电话中你没有叫我，大概你太紧张，当然不是争规矩，而是少听见一声“爸爸”好像大有损失。妈妈听你每次叫她，才高兴呢!好姆妈和好爹爹那份慈母般的爱护与深情，多少消解了你思乡怀国的饥渴。

他们，做着骨肉团聚的美梦。1966年4月13日，傅雷在信中告诉儿子：

近一个多月妈妈常梦见你，有时在指挥，有时在弹concerto(注：协奏曲)。

也梦见弥拉和凌霄在我们家里。她每次醒来又喜欢又伤感。昨晚她说现在觉得睡眠是桩乐事，可以让自己化为两个人，过两种生活：每夜入睡前都有一个希望——不仅能与骨肉相聚，也能和一二十年隔绝的亲友会面。我也常梦见你，你琴上的音乐在梦中非常清楚。

傅聪和弥拉共同生活了十多年，终因东、西方人的秉性差异太大，离婚了。

傅雷夫妇在寓所前之小花园（1964年12月）

第八章『文革』悲剧

傅雷夫妇在书房（1965年8月）

四天三夜的大抄家

恶性循环折腾着傅雷一家：傅雷一家的不幸，是从傅雷错划“右派”开始的。然后，导致了傅聪的出走。傅聪的出走又反过来加重了傅雷的罪名。最后，在那场中国历史上的大灾难爆发的时候，傅雷夫妇被逼上了绝路。

“阶级斗争”的弦，又绷紧了。1966年，“左”风狂作，飞沙走石，席卷中国大地。

据朱人秀说[①]，“文革”开始不久，傅雷的老朋友刘海粟遭到抄家。消息传来，傅雷就预感到自己难逃厄运。

8月30日夜11点多，傅家大门响起急骤的拳敲脚踢声。

保姆周菊娣开了门。门外站着一群挂红袖箍的人，其中不少是“红卫兵”，也有一些长胡子的“造反派”。其中，还有当年常到傅家跟傅聪一起切磋琴艺的“小朋友”。此人当年见到傅雷毕恭毕敬，而如今却对傅雷冷若冰霜，怒目相视。他们凶神似的涌进傅家。

朱梅馥坐在卧房前的阳台上，一年后，于1966年9月3日凌晨，与傅雷先生借身后铁门框上含冤弃世。

他们是上海音乐学院的“红卫兵”和“造反派”。傅家本来与上海音乐学院毫无瓜葛：傅雷未在上海音乐学院工作过一天，傅聪也未曾在那里念过一天书。在那真理、法律、人权被践踏在脚下的年月，哪管这些？

照理，音乐学院乃音乐圣殿，那里的学生应该是最文雅、最礼貌、最有修养的一群艺术精英。然而，在

① 1985年7月8日再度采访朱人秀。

“文革”烈火的蒸烤之下，戴上“红卫兵”袖章的他们，却成了一群最疯狂、最野蛮、最无理的一群暴徒！

在北京，中央音乐学院的红卫兵把院长马思聪打得头破血流，而上海音乐学院的红卫兵在几天之内斗死了多位教授，就连与上海音乐学院无瓜无葛的傅雷也成了他们践踏的对象。

傅雷夫妇在寓所校花园观看所栽玫瑰花（1965年夏）

我走访了上海音乐学院清查办公室，查阅了有关档案，这才得知当年的真实情况：1966年8月30日上午，上海音乐学院派人抄了该院钢琴系系主任李翠贞教授的家。在她家中找到几封傅雷写给她的信件(她从香港回大陆时曾去信征询傅雷意见，傅雷劝她归来)，认为她与傅雷有政治联系。于是，当晚便追到傅雷家中，逼着傅雷“揭发”李翠贞的“反动言行”。傅雷不从。于是，从逼供发展到批斗，以致抄家。

长达四天三夜的大抄家开始了。

朱人秀回忆说[②]，8月31日下午，他曾经打电话给傅雷家，找妹妹朱梅馥。通常，傅家的电话总是朱梅馥先接的，问清楚是谁，才叫傅雷接。然而，那天接电话的是陌生的口音，在电话里追问你是谁，为什么要找朱梅馥。朱人秀一听口气不对，就把电话挂了。朱人秀明白，傅雷家一定遭到抄家。

小花园里盛开的月季，被连根拔掉。挖地三尺，连埋在花下当作肥料的带鱼鳞，都被用警惕的目光细细审视。那是因为他们听说傅雷夫妇曾在小花园里埋过“变天帐”。其实，只不过是傅雷爱花，夜间叫夫人打着手电筒，他在小花园里进行嫁接试验罢了！

傅雷家书当然成了重点的搜查目标。“红卫兵”们原以为信上写的尽

② 1985年7月8日再度采访朱人秀。

是“三反言论”、“叛国勾当”，谁知父子俩在纸上互诉的是爱国之情、艺术之见，他们相互传阅着，读得入迷，忘了这是在抄家!

连地板都被撬起来，依旧没有什么“重大发现”。

忽然，从阁楼里传来惊人的消息：查获傅雷“反党罪证”!

唉，那是朱梅馥的姐姐寄存在傅家多年的一只箱子，傅雷从未打开过。“红卫兵”敲掉了箱上的锁，从里头查到一面老掉牙的小镜子，背面嵌着蒋介石像；从一本垫箱底的旧画报上，翻到一张宋美龄照片；另外，在一张解放前的旧证书上，见到印着青天白日满地红的中华民国国旗。

傅雷夫妇坐在阳台上（1965年夏），书架上放着孙子傅凌霄的一周岁照片。

“大右派傅雷窝藏反党罪证!”在震天响的口号声中，傅雷夫妇被迫跪倒在地。

傅雷如实地说，那是亲友寄存的箱子。

“红卫兵”追问：“谁的箱子?”

傅雷没有回答。他深知，一旦说出来，马上就会连累别人。他只是反反复复申明一点——那不是他的箱子。

“大右派傅雷不老实!”“打倒傅雷!”“傅雷必须低头认罪!”在9月2日上午10点，傅雷夫妇被拉到大门口，站在长板凳上，戴上了高帽子。大字报贴满四墙。

傅雷的神情异常镇静，用睥睨的目光冷对那些发狂的挂红袖箍的人们。

中午一时，当那些抄家“英雄”扬长而去，傅雷夫妇首先想到的是安慰保姆：“菊娣，真对不起你，害你受惊!”

泰然自若 视死如归

当天夜里，发生了触目惊心的一幕：傅雷夫妇泰然自若，视死如归，面对凶神暴徒不屈不挠，高风亮节。他们这种大无畏的精神，使魔鬼胆战心惊!

傅雷与朱梅馥自1932年1月结为夫妇，整整34年，朝夕相处，相依为命，情深似海，共赴危难。9月3日凌晨，他们从一块浦东土布做的被单上撕下两长条，打结，悬在铁窗横框上。他们在地上铺了棉胎，才放上方凳，以免把方凳踢倒时发出声响。

就这样，傅雷夫妇上吊自尽于铁窗两侧！中国译界一代巨匠，在遥遥长夜中愤然离开了人世。 9月3日上午10点多，当户籍警左安民等闻讯赶到，在书桌上发现一个用火漆封固的白布包裹，封皮上面写着：

此包由长阳路24弄5号朱人秀会同法院开折　　　傅、朱
朱家电话452621或正泰橡胶厂

朱人秀对笔者说[3]，将近中午，周菊娣给他打来电话，说是傅雷夫妇自杀。

朱人秀赶紧从杨树浦赶到江苏路，法院、公安局的人已经到了。

朱人秀来到的时候，傅雷夫妇已经被放下来了。朱人秀说，他见到傅雷夫妇面色安详，没有痛苦表情。他见到，傅雷夫妇颈部，都有很深的吊索痕迹。

看了自杀现场之后，法院工作人员带朱人秀来到客厅。

朱人秀记得，那包裹放在书桌上，是用火漆封起来的。他会同法院人员拆开包裹。包裹里面有傅雷亲笔遗书以及好几个信封。信封里装着钱、物。

---

③ 1985年7月8日在上海再度采访朱人秀。

傅雷遗书只给朱人秀匆匆看过一遍，朱人秀拿出笔想抄，法院人员不许他抄，把傅雷遗书收去。他们要求朱人秀在包裹封皮上签下这样一行字：

里面东西已会同经同志（引者注：即上海市公安局长宁分局治保科经志明）看过，无误。包裹存书桌抽屉内，今后由本人自取。

朱人秀 九月三日下午

直到1985年5月11日，经傅雷亲属再三要求，在中共中央总书记胡耀邦的关心下，上海公安部门才把傅雷遗书原件，派专人送交朱人秀。

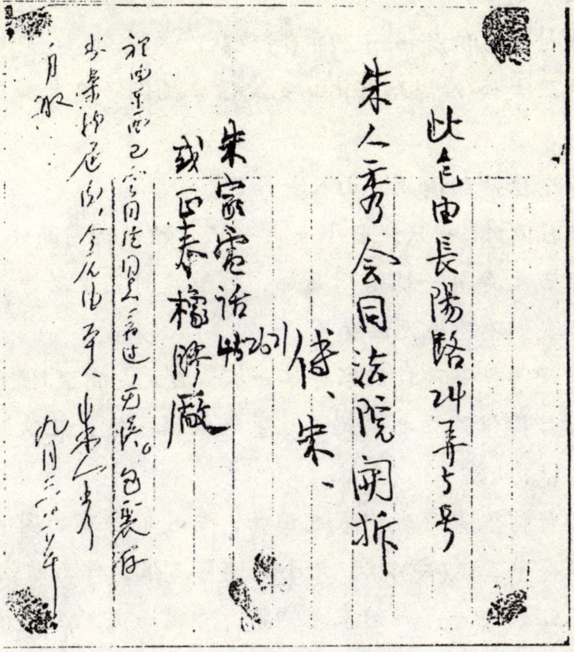
朱人秀会同法院開拆
傅、朱、
或正泰橡膠廠

傅雷遗书是写给妻兄朱人秀的。

傅雷遗书是对极左路线的控诉书，是傅雷夫妇高尚人格的真实写照。现把傅雷遗书全文照录于下：

人秀：

尽管所谓反党罪证(一面小镜子和一张褪色的旧画报)是在我们家里搜出的，百口莫辩的，可是我们至死也不承认是我们自己的东西(实系寄存箱内理出之物)。我们纵有千万罪行，却从来不曾有过变天思想。我们也知道搜出的罪证虽然有口难辩，在英明的共产党领导和伟大的毛主席领导之下的中华人民共和国，决不至因之而判重刑。刑是含冤不白，无法洗刷的日子比坐牢还要难过。何况光是教育出一个叛徒傅聪来，在人民面前已经死有余辜了!更何况像我们这种来自旧社会的渣滓早应该自动退出历史舞台了!

因为你是梅馥的胞兄，因为我们别无至亲骨肉，善后事只能委托你了。如你以立场关系不便接受，则请向上级或法院请求后再行处理。

委托数事如下：

一，代付九月份房租55.29元(附现款)

二，武康大楼(淮海路底)606室沈仲章托代修奥米加自动男手表一只，请交还。

三，故老母余剩遗款，由人秀处理。

四，旧挂表(钢)一只，旧小女表一只，赠保姆周菊娣。

五，六百元存单一纸给周菊娣，作过渡时期生活费。她是劳动人民，一生孤苦，我们不愿她无故受累。

六，姑母傅仪寄存我们家存单一纸六百元，请交还。

七，姑母傅仪寄存之联义山庄墓地收据一纸，此次经过红卫兵搜查后遍觅不得，很抱歉。

八，姑母傅仪寄存我们家之饰物，与我们自有的同时被红卫兵取去没收，只能以存单三纸(共370元)又小额储蓄三张，作为赔偿。

九，三姐朱纯寄存我们家之饰物，亦被一并充公，请代道歉。她寄存衣箱两只(三楼)暂时被封，瓷器木箱壹只，将来待公家启封后由你代领。尚有家具数件，问周菊娣便知。

十，旧自用奥米加自动男手表一只，又旧男手表一只，本拟给敏儿与魏惜蓉，但恐妨碍他们的政治立场，故请人秀自由处理。

十一，现钞53.30元，作为我们火葬费。

十二，楼上宋家借用之家具，由陈叔陶按单收回。

十三，自有家具，由你处理。图书字画听候公家决定。

使你为我们受累，实在不安，但也别无他人可托，谅之谅之！

傅雷

梅馥

一九六六年九月二日夜

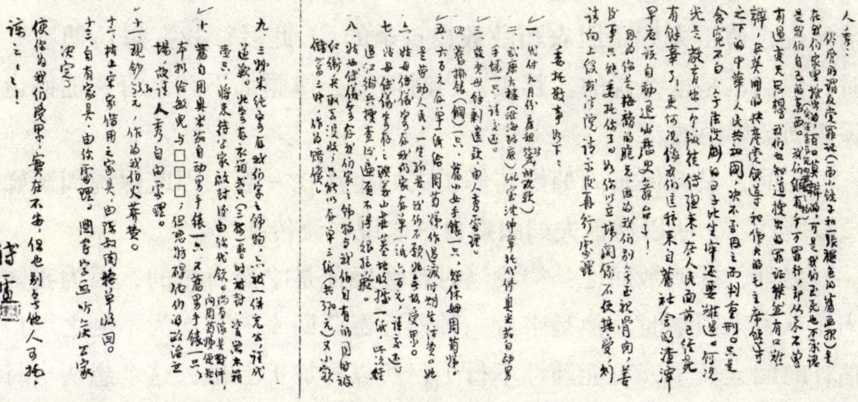
人秀：
尽管所谓反党罪证（一面小镜子和一张褪色的旧画报）是在我们家里搜出的，百口莫辩的，可是我们至死也不承认是我们自己的东西（实系寄存箱内理出之物）。我们纵有千万罪行，却从来不曾有过变天思想。我们也知道搜出的罪证虽有口难辩，在英明的共产党领导和伟大的毛主席领导之下的中华人民共和国，决不至因之而判重刑。只是含冤不白，无法洗刷的日子比坐牢还要难过。何况光是教育出一个叛徒傅聪来，在人民面前已经死有余辜了！更何况像我们这种来自旧社会的渣滓早应该自动退出历史舞台了！
因为你是梅馥的胞兄，因为我们别无至亲骨肉，善后事只能委托你了。如你以立场关系不便接受，则请向上级或法院请示后再行处理。
委托数事如下：
一、代付九月份房租55.29元（附现款）。
二、武康大楼（淮海路底）606室沈仲章托代修奥米茄自动男手表一只，请交还。
三、故老母余剩遗款，由人秀处理。
四、旧挂表（钢）一只，旧小女表一只，赠保姆周菊娣。
五、六百元存单一纸给周菊娣，作为过渡时期生活费。她是劳动人民，一生孤苦，我们不愿她无故受累。
六、姑母傅仪寄存我们家存单一纸六百元，请交还。
七、姑母傅仪寄存之联义山庄墓地收据一纸，此次经过红卫兵搜查后遍觅不得，很抱歉。
八、姑母傅仪寄存我们家之饰物，与我们自有的同时被红卫兵取去没收，只能以存单三纸（共370元）又小额储蓄三张，作为赔偿。
九、三姐朱纯寄存我们家之饰物，亦被一并充公，请代道歉。她寄存衣箱贰只（三楼）暂时被封，将来待公家启封后由你代领。尚有家具数件，问周菊娣便知。
十、旧自用奥米茄自动男手表一只，又旧男手表一只，本拟给敏儿与□□□，但恐妨碍他们的政治立场，故请人秀自由处理。
十一、现钞53.30元，作为我们火葬费。
十二、楼上宋家借用之家具，由陈叔陶按单收回。
十三、自有家具，由你处理。图书字画听候公家决定。
使你为我们受累，实在不安，但也别无他人可托，谅之谅之！
傅雷
梅馥
一九六六年九月二日夜

如此清醒、冷静、安详、周到，连火葬费都预先付好，连保姆可能发生的生活困难都考虑到，连红卫兵抄去的亲友首饰也都自己偿还……坦坦荡荡，磊磊落落！

哦，“在天愿作比翼鸟，在地愿为连理枝；天长地久有时尽，此恨绵绵无绝期”！

廓清傅雷之死的误传

我注意到，近年来关于傅雷服毒自杀的文字越来越多。比如，2000

年，苏立群在《傅雷别传》中写道[④]：

时钟在滴答滴答地走着。

傅雷把毒药拿在手里，朱梅馥给他准备好一杯温水，然后坐在他的身边。

……

傅雷把一把毒药放进了口里，药的剂量足以使他死亡……

关于傅雷之死，我在1983年开始采访傅雷生平时，就听傅雷保姆周菊娣说，傅雷夫妇是服农药敌敌畏自杀的[⑤]。此后，我在采访傅敏、傅聪时，他们也是这么说的。其实，当时傅敏、傅聪都不在上海，他们也是听保姆周菊娣说的。

当时，只有保姆周菊娣与傅雷夫妇生活在一起，因此保姆周菊娣富有“权威性”，所以傅雷夫妇服毒自杀之说，流传甚广。

另外，据傅敏回忆：“我当时曾怀疑他是吃药自杀的，因为我知道，当年从香港归来时，他是带着一种烈性毒药回来的，作为不测之用！但我估计时间太长了，可能药性不行了，所以再加上上吊，这个想法当时我是讲过的，我对菊娣讲过。”[⑥]

1985年6月，当我写完成报告文学《傅雷之死》时，最初所写也是按照傅雷保姆周菊娣所说的傅雷夫妇服毒自杀。

这篇报告文学被《人民日报》主办的《报告文学》杂志所采用。当这篇报告文学将发而未发的时候，我听说傅雷死亡时，上海市公安局曾经有过一份“死亡档案”，马上赶去了。

经过多方查询，1985年7月10日，我终于在上海公安部门的帮助下，找到了这份案卷。

牛皮纸的封面，便明明白白写着“上吊自杀”，表明傅雷不是“服毒

---

④苏立群，《傅雷别传》，作家出版社2000年版。

⑤引自周菊娣的回忆。1983年9月8日下午采访于上海江苏路周菊娣家中。

⑥傅敏致叶永烈信，2004年9月9日。

自杀”：

案别：上吊自杀

违反治安管理人：傅雷

朱梅馥

受理日期：1966年9月3日。

结案日期：1966年9月12日。

承办单位：长宁分局治安科。

这是一份触目惊心的死亡档案，傅雷夫妇竟然成了“违反治安管理人”！在档案中，有案情报告、验尸报告、周菊娣陈述笔录、傅雷和朱梅馥遗书、上吊绳索照片以及查封物品清单等等。我查遍傅雷的死亡档案，从未有过傅雷服毒的记载，也没有现场发现毒药的记载。这清楚表明，傅雷夫妇并没有服用毒药。

档案一开头便写明死者的身份：

傅雷　男　59岁，本市南汇人，作家协会理事。

朱梅馥(傅雷之妻)　女　54岁，本市南汇人，家务。

住：江苏路284弄5号。

档案中，经办者上海市公安局长宁分局六科的报告中这么概括案情：

於本月三日上午，佣工周菊娣起身打扫房间，至九时四十五分左右仍未听到他们贰人起床，然后周将房间一开，发现朱梅馥睡在地上，就报告邻居支玉奇。先由愚园邨派出所民警左安民同志赶到现场，转告我们，发现贰人均上吊而死。

经查，在八月卅日由上海音乐学院红卫兵到傅家扫“四旧”。（同时）在八月廿三日傅贰人在家整理，同时讲：音乐学院可能要来，“要扎（砸）”，“让他们扎（砸）”，“最多命贰条”等。

这份报告作出结论：

傅留有遗书，上吊自杀无疑。

抗拒运动，畏罪自杀而死。

在档案中，有一份1966年9月3日当天由长宁区公安局所写的《发现非病死亡可疑尸体报告》。报告上写着：

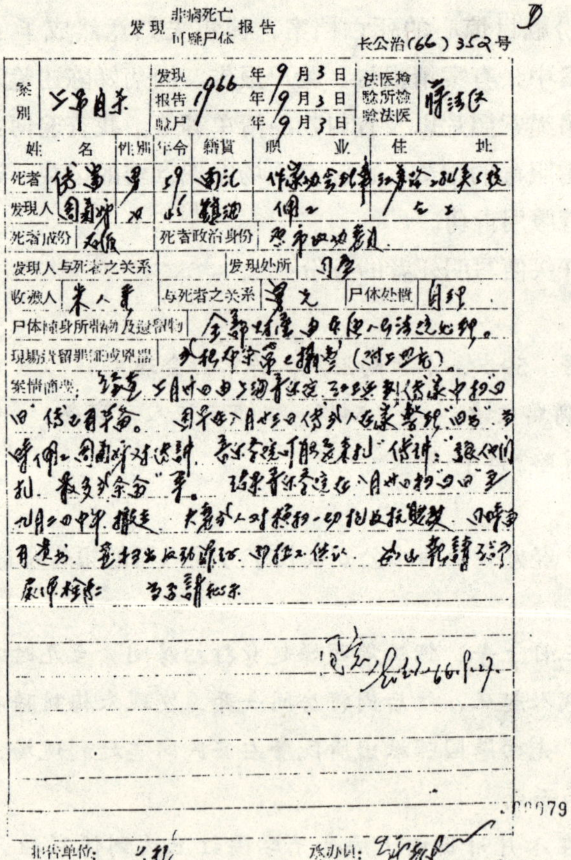

发现 非病死亡 可疑尸体 报告

长公治(66)352号

案别 | 发现 年 月 日 | 报告 年 月 日 | 验尸 年 月 日 | 法医检验所验法医

姓名 | 性别 | 年令 | 籍贯 | 职业 | 住址

死者

发现人

死者成份 | 死者政治身份

发现人与死者之关系 | 发现处所

收殓人 | 与死者之关系 | 尸体处理

尸体随身所带物及遗留物

现场发留罪证或凶器

案情简要：

报告单位： | 承办人：

傅雷死亡档案中的《发现非病死亡可疑尸体报告》

案　　别	上吊自杀
死　　者	傅雷
死者成份	右派
死者政治成份	原市政协委员
发 现 人	周菊娣
发　　现	1966年9月3日
报　　告	1966年9月3日
验　　尸	1966年9月3日
法医检验所检验法医	蒋法医
收 殓 人	朱人秀
与死者关系	舅兄
尸体处理	自理
尸体随身所带物及遗留物	全部财产由本区人民法院处理
现场遗留罪证或凶器	贰根布条带已摄制（附上照片）

这是关于傅雷夫妇之死的最准确、最详尽的历史档案。我逐页细细阅读着，我的视线被夺眶而出的泪水所模糊。我仿佛听见屈死的亡灵的愤怒呼号，仿佛又回到中国历史上那灾祸深重的年月。

档案的记载和当事人的见证

傅雷夫妇有两个儿子。当时，长子傅聪客居英国伦敦，次子傅敏在北京工作。在傅雷夫妇身边，唯有保姆周菊娣。周阿姨是第一个发现傅雷夫妇愤然弃世的人。案卷中的《周菊娣陈述笔录》，是一份十分珍贵的历史文件。现全文抄录于下：

陈述人姓名　周菊娣
性别　女
年龄　45
籍贯　镇海
职业　家务
服务处所　佣工
文化程度　小学二（年）
陈述时间　1966年9月3日上午
地点　江苏路284/5

问：你怎么发现他们自杀的？

答：平时我每天早晨起来后，买菜，打扫书房，洗洗东西。他们夫妇俩一般在八点多起来，我再进宿舍(指卧室——引者注)打扫。今天上午到八点半未听见他们夫妇俩起身的声音 。

我到上午九点三刻左右仍未听到他们起身动静，我就静静(系“轻轻”之误——引者注)开开他们房门一看，床上无人，我将房门再开开一点一看，朱梅馥睡在地上。我立即到江苏路284/7小组支玉奇处报告，由支玉奇打电话报告派出(所)。

问：昨晚他们夫妇俩晚饭吃了没有？讲些什么？

答：他们夫妇俩均吃过晚饭。在八点左右我事情做好后到书房内去，他们夫妇俩均在。傅在写东西，朱在房间内。我也在房内坐下，三人一起。约九点不到，朱梅馥叫我早点去休息。

在吃晚饭时，朱梅馥说，明天小菜少买一点。

问：他们(家)有哪些单位来搜(指抄家——引者注)？什么时后(候)来的？

答：在八月卅日下午，有区房管局来搜，到七点半左右离开，到楼上宋家去。

在当晚十一点多，由上海音乐学院红卫兵来搜，一直搜到九月二日中午一点不到才离开，他们夫妇俩这几天均没有睡过。

问：平时你听到他们讲过什么话？

答：在上星期二(即八月二十三日——引者注)里弄突击读报回来后，他们夫妇俩整理一些旧画、小古东(董)。在星期三(即八月三十一日——引者注)晚，傅雷在书房内讲："音乐学院可能要来扎(砸)，要扎(砸)让他们扎(砸)，最多大不了两条命!"其他什么话我未听到。

问：最近家中有什么人来过?

答：有一医生丁济南，工商联钟榴（音同）。八月二十八日，朱的姑母来。其他人没有。

陈述人 周菊娣（签名）

我发现，在这份原始档案中，在案发当日，周菊娣只说"我将房门再开开一点一看，朱梅馥睡在地上"，她并未说及傅雷，也没有说及他们是怎样死的。

我采访了档案中提及的"医生丁济南"。据他说[⑦]，当时他在上海瑞金医院工作。通常上午在医院上班，下午去病家访问。他曾经多次去傅雷家为他看病。傅雷曾经送过好多本译著给他，也写过许多封信给他，只是在"文革"中全部散失。傅雷去世当天上午十时多，他给傅雷家打过电话，是陌生人接的，他把电话挂了。中午十二时又去电话，仍是陌生人接的。后来才听说，傅雷夫妇双双自杀，他非常悲痛。不过，丁医生没有去过现场，不知道傅雷夫妇是怎样死亡的。

我在1985年7月10日找到了当年负责傅雷家所在地段的户籍警左安民。他是第一个进入现场的人。他的回忆，澄清了关于傅雷之死的误传。

他对我说[⑧]：

1966年9月3日上午九点多，我接到傅雷家保姆的报告，就赶去了。

当时，傅雷卧室的房门关着，但是没有反锁。我使劲儿一推门，看见傅雷夫妇吊死在卧室的落地钢窗上(注：卧室外为阳台，他们住在底楼)。

⑦ 1987年7月15日在上海采访丁济南。

⑧ 1985年7月10日在上海采访左安民。

钢窗关着。夫妇俩一左一右吊在钢窗的横档上。傅雷先生在右边，傅雷夫人在左边。

我推门时劲儿太大，一股风冲进去，傅雷先生上吊的绳子就断了。他掉了下来，正好落在旁边的藤躺椅上。

我赶紧把门关上，打电话给长宁分局，治保科的经志明等来了，我们一起进入现场。我走上前，把傅雷先生扶正，躺在藤椅上。所以，后来进入现场的人，都说傅雷先生是躺在藤椅上死去的。其实不是那样，是我把他在藤椅上放好的。

他们上吊用的绳子，是浦东的土布。那是一床土布做的被单，撕成长条，打个结。你看，死亡档案上有当时拍的照片。这土布上有蓝色方格。照片上右面那个断了的布条，就是傅雷先生的。

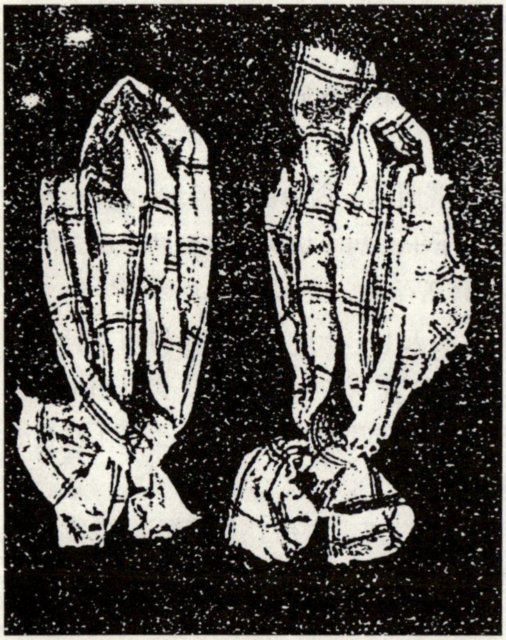

这是傅雷夫妇上吊自杀所用的布条——用一床上海浦东农村手工所织的被单撕成的长条。这是作者多方寻找，终于在上海市公安部门所保存的傅雷“死亡档案”中找到的当时所摄照片。

当时，地上铺着被子。被子上是两张倒了的方凳。我把傅雷夫人放下来，放在棉被上(注：这点与保姆周阿姨的口述不一致。据左安民说，保姆当时神情非常紧张，不敢正眼看，可能记错)。

长宁分局治保科经志明和长宁区法院有关人员，一致认为傅雷夫妇是自杀。

当时，除了把吊的布条拿回去拍了照之外，现场没有拍照。

傅雷先生死去的时候，穿的是汗衫，短裤，夫人穿的也是睡衣。尸体曾用车送到上海市人民检察院法医检验所检验，法医是蒋培祖。他们根据颈部有马蹄状索沟，断定为自缢致死。身上有灰紫色的尸斑，说明死亡已有好几个小时。

区法院来了十多个人。我当时跟他们一起，在傅雷家清点财产。我记得，花了两天两夜。

当时曾发电报给傅雷在北京的一个儿子（引者注：即傅敏）。他回电说，后事托他舅舅（引者注：即朱人秀）处理。

傅雷死的时候，留下遗书和好几个信封。信封里装着东西，上面写着给谁。我没有动过。后来，舅舅来了，他跟法院一起处理的。舅舅是老干部，那时候靠边了。

我听保姆说，她在那天早上，很久没见傅雷夫妇起床，就在门外边喊傅先生。里面没有答应。她这才推门，一看，吓坏了，赶紧把门关上。她当时没有走进去看。一方面她有点害怕；另一方面傅雷有规矩的，未得同意，保姆不能随便进他的卧室的。

我进去的时候，记得有一盏很暗的灯还点在那里。那时候，傅雷夫人挂在那里，这是很清楚的。是我亲手把她放下来的。

傅雷卧室的门，如果开了一点点，只能看到傅雷夫人——窗的左边。窗的右面是看不到的。

当时，我管的地段，文化界的人很多，五百多户中有二百多户被抄家。

一开始，遇上抄家，我就赶去查看有没有抄家证明。著名影星祝希娟(电影《红色娘子军》女主角)也住在那地段。当一些中学的红卫兵抄她家的时候，我赶去了。一问，他们没有证明，我就不许他们抄。他们骂我是“老保”。我说，要执行“十六条”。他们说，“十六条”之外，还有第十七条哩，跟我吵。尽管当时我对运动也认识不清，但是，我们做公安工作的，总还是按照制度办事。没有抄家证明的，就是不给抄。

后来，抄家的越来越多，根本不跟派出所打招呼，社会上越来越乱，我也顾不上。

傅雷家，本来我以为不会有什么单位来抄家的，因为他不属于什么单位。上海音乐学院跟他们家没什么关系。他们的红卫兵来抄家，没跟我打招呼。所以一直到傅雷夫妇死了，我才知道。

那时候，自杀的很多，差不多天天有人死。当时，考虑到傅雷是社会上很有影响的作家，所以特地请市检察院的法医来验尸。不是重要的案件，市里的法医是不来的。

我是在1958年开始当这一地段的户籍警，1968年7月21日离开。

左安民的谈话表明，保姆周菊娣当时非常紧张，她已经预感到傅雷夫妇会出事。实际上，傅雷夫人当时并没有倒在地上，是保姆神经过分紧张造成的错觉。保姆吓坏了，不敢再看一眼，就连忙跑到派出所报案。当户籍警左安民赶来，进入傅雷夫妇卧室，保姆一直不敢进去。

后来，当保姆终于硬着头皮进入现场时，傅雷尸体已经被左安民放在躺椅上。保姆见到傅雷身上紫色尸斑，误以为服毒身亡。保姆凭自己的推测，以为傅雷夫妇是服敌敌畏自杀——傅雷喜欢种花，买了敌敌畏杀虫。

最初对傅雷夫妇的遗体作鉴定的法医是张维贤。我在上海市公安局长宁分局见到张维贤[9]。他说，是他当时小心翼翼把傅雷夫妇脖子上的床单解开、取下来。经过检查，他得出了上吊自尽的结论。

考虑到傅雷是上海名人，上海市公安局长宁分局又把傅雷夫妇遗体送往上海市人民检察院法医检验所，由蒋培祖法医检验。

我访问了蒋培祖，他确认傅雷夫妇遗体是由他作法医鉴定。

在档案中，有蒋培祖开具的《尸体检验证明书》，编号分别为“（66）沪检办法字第462号”和“（66）沪检办法字第462号”。检验证明书均写明死者“颈部有马蹄形索沟一道，着力中心在喉结处”，结论是认定“自缢致死”。

由于查看了傅雷死亡档案并采访了当事人左安民，我终于弄清事实真相。

我当即告知《报告文学》编辑部，对《傅雷之死》作了重要修改。另外，我也告知傅雷之子傅敏以及傅雷保姆周菊娣，他们看了我提供的傅雷死亡档案复印件，确信档案是准确的。

⑨ 1985年7月10日在上海采访张维贤。

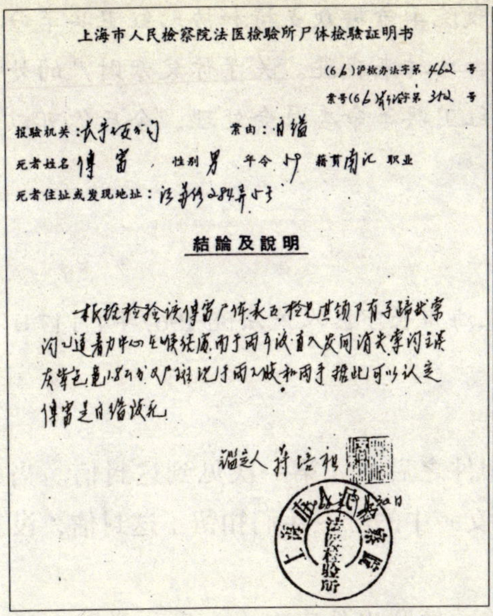
上海市人民检察院法医检验所尸体检验証明书

(66)沪检办法字第462号

案号(66)长公治字第342号

报验机关：长宁公安分局　案由：自缢

死者姓名 傅雷　性别 男　年令 59　籍贯 南汇　职业

死者住址或发现地址：江苏路284弄5号

结論及說明

鉴定人 蒋培祖

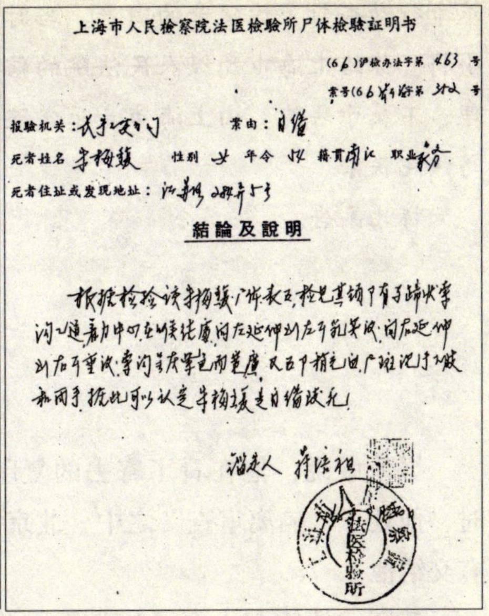
上海市人民检察院法医检验所尸体检验証明书

(66)沪检办法字第463号

案号(66)长公治字第342号

报验机关：长宁公安分局　案由：自缢

死者姓名 朱梅馥　性别 女　年令 54　籍贯 南汇　职业 家务

死者住址或发现地址：江苏路284弄5号

结論及說明

鉴定人 蒋培祖

作者在上海市公安部门所保存的傅雷“死亡档案”中，还找到傅雷夫妇的尸体证明书，表明傅雷夫妇确系自缢身亡。

至今，我保存着傅雷死亡档案的全文复印件。档案中并无傅雷服毒的记载，也没有在现场发现毒药的记载。我所采访的上海市公安部门直接处理傅雷夫妇死亡案件的左安民、张维贤、蒋培祖，都确认傅雷夫妇是上吊自杀，从未提到服毒自杀。正因为这样，傅雷夫妇上吊自杀是确凿无误的。所谓傅雷服毒自杀，纯系误传。

已经预感来日不多

在档案中，我查到上海市长宁区人民法院“（67）长法字第26号”文件，发送单位是“北京女一中傅敏”，全文如下：

在伟大的无产阶级文化大革命运动中，音乐学院红卫兵革命小将以革命行动查封了你父亲的财产，当时我院革命群众支持和协助红卫兵革命小将。你给上海市高级人民法院的信，已转来我院。关于你父亲财产的处理，不属于法院。由上海市音乐学院红卫兵革命委员会处理，今后你可以与该院联系。

特此函告。

上海市长宁区人民法院 1967年4月17日

据傅敏说，他在看了寄去的复印件之后，才第一次见到这封信。当时，他处于“隔离审查”之中，北京女一中的红卫兵们扣留了这封信，没有交给他。

其实，傅雷与上海音乐学院无关，傅聪也从未在上海音乐学院念过书，可是，上海音乐学院“红卫兵”以及“造反派”几十人，却闯进傅家进行长时间的毁灭性抄家。他们不仅逼死了傅雷夫妇，这个不伦不类的“上海市音乐学院红卫兵革命委员会”还居然有权处理傅雷的财产！

傅雷夫妇死后，究竟遗留多少财产呢？

我查阅了上海市长宁区人民法院1966年度“长刑字第60号”查封物品清单。这份清单是由法院工作人员签署，同时有里委（里弄委员会）崔秀珍、上海音乐学院先小英、街道党委周美宝、民警左安民共同签字，还有“在场人”朱人秀签名。

这份清单上除了开列四只男式旧表、一只女式旧表之外，还有：

火葬费	66.50元
整存整取	370元
小额存款	112元
傅仪整存整取	600元
九月份房租	55.25元
存单	600元

公债	234元
人民币	28.64元

内中除了"傅仪整存整取600元"是姑母傅仪的之外，傅雷夫妇所有的钱款——包括他们预留的火葬费、九月份房租在内，只有1466.39元！这些钱，大约只够傅雷夫妇维持一年的生活，因为光是一年的房租就要660多元，此外还要支付保姆的工资。

"文化大革命"不仅使傅雷受尽精神折磨和打击，而且在经济上也濒于崩溃的边缘——傅雷所译法国文学作品在"文革"中成为"大批判"的对象，成为"封、资、修"精神垃圾，由"造反派"掌权的人民文学出版社已经停止出版译作，使得依靠稿费为生、没有工资的傅雷断了经济来源。

傅雷家中最宝贵的财产，是黄宾虹的五十多幅精品画作。可惜在那"大革文化命"的年月，不仅钢琴属于扫荡之列，连黄宾虹的名作也成为"封资修垃圾"。

不仅是经济困顿，"文革"使傅雷早已处于"身心交瘁"的境地。1966年6月3日，傅雷在给傅聪的信中便叹道：

> 我眼疾无进步，慢性结膜炎也治不好。肾脏下垂三寸余，常常酸痛，不能久坐，一切只好听天由命。国内文化大革命闹得轰轰烈烈……我们在家也为之惊心动魄……愈写愈眼花……一切保重!……我身心交瘁，工作的苦闷比你更厉害得多。

1988年，姚北桦先生在赴京协助编选《石西民新闻文集》一书时，在石西民的书房里无意中发现傅雷1965年10月26日写给中共上海市委副书记、宣传部部长石西民的一封信。信的字迹娟秀端正。当时，五十七岁的傅雷，由于长期伏案工作，双眼昏花，不得不口授，请夫人朱梅馥代笔。这封信非常重要，如实反映了傅雷当时的困境：

西民部长座右：

迩来文艺翻译困难重重，巴尔扎克作品除已译者外，其余大半与吾国国情及读者需要多所抵触。而对马列主义毫无掌握，无法运用正确批评之人，缮写译序时，对读者所负责任更大；在此文化革命形势之下顾虑又愈多。且鄙见批评当以调查研究为第一步。巴尔扎克既为思想极复杂、面目众多、矛盾百出的作家，凡不能不先作一番掌握资料功夫：西方研究巴尔扎克之文献（四十年来共两千余种）虽观点不正确，内容仍富有参考价值，颇有择优介绍（作为内部出版之必要）。故拟暂停翻译巴尔扎克小说，先介绍几种重要的研究资料（以比较完整的巴尔扎克传记为首。奈出版社对此不同意，亦未说明理由。按一年来人文（人民文学出版社——编者）来信，似乎对西洋名作介绍，尚无明确方针及方法。（58年春交之《皮罗多》，61年校样改讫后，迄未付印；64年交稿之《幻灭》三部曲，约50万字，至今亦无消息；更可见出版社也拿不定主意。）同时人文只根据所谓巴尔扎克“名著”建议选题，而对于译者根据原作内容，认为不宜翻译之理由，甚少考虑。去冬虽已同意雷译一中篇集子作为过渡，但根本问题依属悬而未决。按停止翻译作品，仅仅从事巴尔扎克研究，亦可作为终身事业；所恨一旦翻译停止，生计即无着落。即使撇开选题问题不谈，贱躯未老先衰，脑力迟钝，日甚一日，不仅工作质量日感不满，进度亦即十年前三分之一。再加印数稿酬废止，收入骤减（即印数稿酬未取消时以雷工作迟缓，每年亦不能收支相抵），种种条件，以后生活亦甚难维持。以上情形，曾于去年12月函托唐弢兄转陈周扬部长。

最近半年个人情况又大有变化，除多年宿疾（如关节炎、偏头痛、过敏性鼻炎）轮流作祟外，6 月下旬又每晚头脑发热如焚，思考能力几等于零，医生坚嘱立即休息。不料8月下旬恢复工作后甫及一月，忽双目昏花，非特无法翻译，即读书看报亦不可能，因每分钟眼前皆有薄雾飘过。（故此信只能由雷口述，嘱内子笔录。）眼科医生认为眼神经使用过度，急剧衰退，倘不长期休息，日后恐有失明之虞。且此病迄无对症之药。但休息并无期限，不知何日方能恢复。即恢复亦不能如过去每日工作九、十小时，脑力退化亦是极大限制。而雷不比在大学任教之人，长期病假，即有折扣，仍有薪给可支。万一日后残废，亦不能如教授一般，可获退休待遇。故虽停止工作，终日为前途渺茫，忧心忡忡，焦灼不堪，甚难安心静养。将来必要时，国外小儿傅聪固然还能维持雷一部分生活，但从各方面考虑，觉得亦有不妥之处。因念吾公历年关怀、爱护备至，用敢据实上述。私衷期望，无非能早日恢复目力，以后即或半日工作，亦尚可为西洋文学研究略尽绵薄。目前如何渡过难关，想吾公及各方领导必有妥善办法，赐予协助。解放以还，出版事业突飞猛进，作译者并蒙党及政府多方照顾，唯雷心长力绌，极少贡献，尤不能以马列主义观点分析作品，为读者作一番消毒工作，为愧恧无穷耳。

专此敬候

公绥

傅雷拜上

一九六五年十月二十六日

家人代笔

上海江苏路284弄5号

傅雷之所以写信给石西民，这是在他看来，石西民是可信任的上海市领导干部。在1957年的“反右派斗争”中，石西民就曾经尽力保护过傅雷。正因为这样，傅雷请求石西民帮助他“渡过难关”。

已经调往北京担任文化部副部长的石西民虽然在收到傅雷的信之后，致电中共上海市委，要求对傅雷给予生活和工作上的照顾。然而，就在傅雷寄出这封给石西民的信才半个月，姚文元的“宏文”——《评新编历史剧〈海瑞罢官〉》在上海《文汇报》发表了，“文革”的大幕拉开了。不久，石西民也遭到批判，自身难保，无法再像1957年那样保护傅雷了……

不过，即便在这样严峻、艰难的时刻，傅雷在1965年12月23日写给林散之先生的信中，仍对艺术充满了热情。

画家林散之乃著名画家黄宾虹的弟子，年长于傅雷。林散之赠画给傅雷，于是傅雷致函林散之[10]：

“日前汪己文先生转来法绘，拜谢之余极佩先生笔法墨韵，不独深得宾翁神髓，亦且上追宋元明末诸贤，风格超迈，求诸当世实不多觏。吾国优秀艺术传统承继有人，大可为民族前途庆幸。”

傅雷在肯定了林散之画作“深得宾翁神髓”之后，又直截了当指出：

“惟大作近景用笔倘能稍为紧凑简化，则既与远景对比更为显著，全幅气象亦可更为浑成。”

“题诗高逸，言之有物，佩甚佩甚。惜原纸篇幅有限，否则以长题改作跋，尾后幅，远山天地更为宽畅。”

“潘心畬先生平生专学北宗，刻划过甚姑勿论，用笔往往太碎，致有松率之弊。不知先生亦有同感否？”

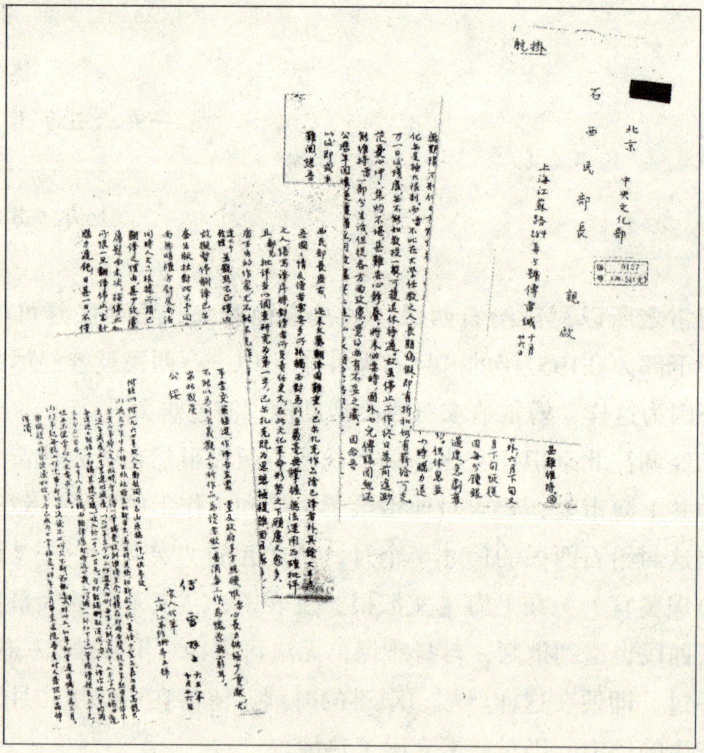
[redacted]

北京 中央文化部

石西民部長 親啟

上海江蘇路284弄5號傅雷緘

傅雷致石西民函

⑩《傅雷文集·书信卷》上卷，安徽文艺出版社1998年版。

傅雷指出的林散之作品的不足，显示了他不凡的美学修养。

傅雷当年与黄宾虹论画，便“直言无讳”。他以同样的精神评论林散之之画作：

“往年常与宾翁论画，直言无讳，故敢不辞狂悖，辄发谬论，开罪先生，千祈鉴宥为幸。专此叩谢。”

风狂浪急的1966年来到了。5月16日，中共中央下达的《五·一六通知》，宣告“无产阶级文化大革命”正式开始。

傅雷在无助的情况下，面对日益汹涌的“文革”浊浪，已经预感来日不多。

1966年8月间，傅雷在致儿媳弥拉的信中，充满对长孙凌霄的挂念，但是“我看绝无希望有一天会见到他，拥抱他，把他抱在膝上了”：

……任何有关凌霄的事都使我们大为兴奋，特别是妈妈，自7月以来她就一直计算着日子。再有一个月就是凌霄的生日了；再过3个星期就是凌霄的生日了……昨晚她说：“就只有3天了。”就像孩子真的跟她在一起生活似的。

你看着孩子一天天的长大，是多么高兴啊！想着我们的孙儿在你的客厅，厨房，看着我们的照片，认识他遥远的祖父母，又是多么动人的情景！

可是，我看绝无希望有一天会见到他，拥抱他，把他抱在膝上了……妈妈倒是相信会有这样的日子，但我却不这样想。

不必多谢我们的编织物，妈妈总是感到歉疚，只能以这样的小东西来表达对孩子和你的深爱……

我们等待着凌霄两岁生日会的照片。如果我们能收到他的面圆圆的照片，我们会多高兴呀！

生活到处都困难，我们要不断地“改造”自己，要克服每一点一滴传统的、资本主义的、非马克思的思想、情感及积习。我们必须消灭一切古老的生活哲学，古旧的社会规范。

对于一个在旧社会生活过40年以上的人，满脑子“反动的西方资本主义的民主观念”，他（毛泽东的）所行的“自我改造”自然会困难重重。我们在艰辛与痛苦之中尽了最大的努力，以求达成目前“文化大革命”所提出的要求。

我只能每次阅读5分钟。报纸上的长文章都是妈妈给读的。这封信是经我口述由她打的……非常想念你们。

爸爸妈妈

在遭到红卫兵的残酷批斗之后，傅雷再也无法忍受，终于走上了自杀之路。

“士可杀不可辱”

1966年9月3日晚8点，傅敏突然接到舅舅朱人秀从上海发来的电报。看罢总共才六个字的电文，傅敏如痴如呆，久久地、久久地木立着：

“父母亡故，速归。”

傅敏一声不响一步未移，仿佛成一尊塑像似的。他陷于极度悲痛之中的傅敏，全身的神经都仿佛麻木了。

“父母亡故”?父母怎么会在同一天双双亡故?傅敏一看电报，便知道其中的含义是什么。

“文革”一开始，一九六六年六月初，傅敏一看《人民日报》那篇社论《横扫一切牛鬼蛇神》，就闻出了其中浓烈的火药味。他明白，他的父亲首当其冲，

眼看着“铁扫帚”就要扫到傅雷头上，傅敏马上想及父亲写给他的那许多长信。这些信落到那些“左”派手中，父亲对儿子所谈的耿耿直言，无疑将会给父亲带来沉重的灾难。

傅敏向来视家书为珍宝。一封封，一件件，整整齐齐地编号保存着。然而，眼下，偌大的北京，他竟找不到一个妥善、安全的地方保存这一批

宝贵的精神财富。他历数父亲在京的亲友，没有一家可逃脱“横扫”之列的!

万不得已，傅敏想到了烧!与其被“横扫”出来作为父亲的“反动罪证”，不如付之一炬!

他知道马思聪家有一个炉子，便揣着那些精心保存的家书，来到那里。那时马思聪先生正在社会主义学院学习。傅敏用颤抖的手点着了火。看着父亲那一丝不苟的手迹，那富有哲理的家书，他心似刀绞。

熊熊炉火，吞灭了华笺雄文，把傅雷“充满着父爱的苦心孤诣、呕心沥血的教子篇”毁于一旦。所谓“文化大革命”，实则文化大倒退!“家书抵万金”。这些万金难得的家书的被迫烧毁，乃是中国文化浩劫中的一劫!

傅敏回忆说，“后来，到了七、八月份，固然有学生登门要我交出全部家信，我说已经都给烧掉了，问我为什么要毁掉，我说我不想引起不必要的麻烦！”⑪

从此，《傅雷家书》只剩下一半——傅雷写给傅聪、弥拉的信件，因在海外，“铁扫帚”无法触及，这才得以幸存，得以广为印刷，成为青年读者的良师益友。

当傅敏拿起父亲那封关于《英语史》的近二十页的长信，实在不忍投入火中，留了下来。他知道留在宿舍里也无法逃脱“横扫”的，便悄悄地交给他以为可靠的一位亲友。然而，浩劫，毕竟是浩劫，洗劫一切，如今那封长信亦不知去向，无从寻踪。

傅雷视家书如掌上明珠。每写一信，夫人便全文抄录一份留底。在发还的“抄家物资”中，傅敏偶然拣到两份幸存的家书底稿。正因为这样，《傅雷家书》中总算得以收录傅雷给傅敏的两封信……

烧毁家书之后，傅敏更加挂牵双亲的命运。“左”浪排空，举国动荡。天天过着如临深渊、如履薄冰般的日子，提心吊胆，惟恐双亲遭劫，往往一夜数惊。

惊心动魄的消息，不时从上海传来。一向书信频繁的傅雷，久不写信，由夫人代笔。

⑪ 2004年9月9日傅敏致叶永烈信。

8月26日，北京开始大抄家。傅敏坐立不安，心绪不宁，仿佛预感到不祥，如惊弓之鸟。他来到北京长途电话局，打电话给家里。天气那么炎热，他握耳机的手却是冰凉的。电话打通了，他的耳际响起母亲那熟悉而亲切的声音：

“阿敏啊?你怎么样?”

他还没有发问，母亲倒先问起来了。关于家里的情况，母亲轻松地说：“都好，都好，你放心!”

这就是傅敏最后一次听见的母亲的声音!母亲，强忍着巨大的痛苦，说出宽慰儿子的话。

仅仅过了一个星期，傅敏便收到了“父母亡故”的电报!

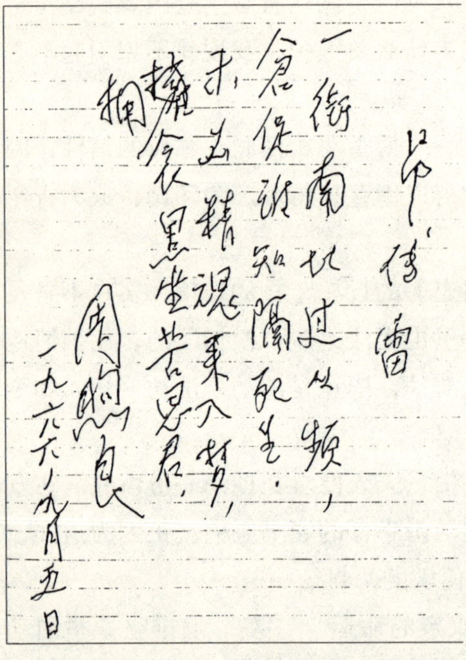

吊傅雷

一街南北过从频，
仓促谁知隔死生，
未必精魂来入梦，
拥衾黑坐苦思君，

周煦良

一九六六年九月五日

周煦良教授1966年9月5日作《吊傅雷》诗。这是他在1983年9月10日接受叶永烈采访时，默写于叶永烈的采访笔记本上。

他恨不得插翅飞回上海，为双亲伸冤雪仇。然而，在那风狂如刀、霜寒似剑的年月，连他本人出校入校，还要向“红卫兵”请示一番，哪有行动自由?

无可奈何，他只得打消了回沪的念头，复电舅舅朱人秀：“父母后事请舅代理。”

得知噩耗，傅雷先生的挚友周煦良教授在1966年9月5日满怀深情，写下了《吊傅雷》一诗：

一街南北过从频，
仓促谁知隔死生?
未必精魂来入梦，
拥衾黑坐苦思君。

1988年初，北京人民艺术剧院在即将上演以老舍为主人公的话剧《太平湖》时，对于老舍之死引发争论。

巴金在就老舍之死致函剧作者苏叔阳。巴金这样评论老舍、傅雷之死[12]：

关于老舍同志的死，我的看法是他用自杀抗争，也就是您举出的第三种说法，不过这抗争只是消极抵抗，并不是‘勇敢的行为’。（这里没有勇敢的问题）但在当时却是值得尊敬的行为，也可以说这是受过‘士可杀不可辱’的教育的知识分子有骨气的表现，傅雷同志也有这样的表现，我佩服他们。

巴金还指出[13]：

我们常说“炎黄子孙”，我不能不想到老舍、傅雷诸位，我今天还感谢他们，要是没有这一点骨气，我们怎么能对得起我们的祖宗？

在那风声鹤唳的岁月，1966年 9月 3日傅雷夫妇双双自杀之后,仅过了三天,上海音乐学院指挥系主任杨嘉仁教授和夫人程卓如副教授于9月 6日也双双自杀,又隔了三天,9月 9日音乐学院钢琴系主任李翠贞教授也自杀身亡。

九天之内，断送五条人命！

“文革”岁月，苛政猛如虎，生存环境极端恶劣，这么多中国知识界精英，被高压政治压得喘不过气，被逼得无路可走，万不得已选择了自杀，选择了自己结束自己的生命。其实，他们最懂得生命的可贵，然而他们所面对的现实太残酷了，他们以死抗争，以死控诉！

傅雷曾说：“我素来对死看得极淡，只有鞠躬尽瘁，活一天就做一天的工作，只到有一天，死神来叫我放下笔的时候才休息。”

其实，对于作家、翻译家而言，五十八岁是成熟的年龄，是作品炉火纯青的年龄，是如日中天的年龄。然而，傅雷就在这个时候“休息”了，

⑫ 1998年1月9日《文艺报》。

⑬ 1998年1月9日《文艺报》。

永远地“休息”了。从此，中国再也没有“傅译”。至今，人们还在议论，中国的法国文学翻译，什么时候能够出现第二个傅雷？！

“干女儿”挺身而出

在那墨染的岁月，一个非常普通的上海姑娘，以强烈的正义感保存了傅雷夫妇的骨灰，她为此差一点被打成“现行反革命”。

她的敢作敢为，赢得了世人的尊敬。

傅雷夫妇双双自杀，在那个年月，这叫“自绝于人民”，是不能收留骨灰的。朱人秀回忆说[14]，当时傅雷夫妇遗体被送到上海西宝兴路万国殡仪馆火化。火化时，朱人秀没有去，保姆周菊娣去了。但是，那里的遗体火化登记本上，亲属的名字写着朱人秀，还写着家庭地址。

傅雷夫妇火化之后，由于规定不能保留骨灰，所以朱人秀没有去领取骨灰。

然而，一位戴着大口罩的姑娘来到上海西宝兴路火葬场，声称自己是傅雷夫妇的“干女儿”，一定要保留傅雷夫妇的骨灰……

傅雷夫妇生前认过一个“干女儿”，那就是钢琴家牛恩德博士[15]。当时她远在大洋彼岸的美国。怎么在上海又冒出一个傅雷夫妇的“干女儿”呢？

我经多方打听，1984年1月21日，终于在上海一条普通的弄堂里，找到她的家。

她跟母亲住在一起。她不在家。在一间不到十平方米的屋子里，她的母亲接待了我，说她到一个画家那儿切磋画艺去了。

原来，她的父亲江风是一位身世坎坷、正直清贫的画家。受父亲的影响，她自幼喜爱绘画、书法。她的母亲拿出她的国画给我看，不论山水、

⑭ 1985年7月8日再度采访朱人秀。

⑮ 1985年7月18日在上海采访牛恩德。

花卉，都颇有功底，书法也有一手。她所绘的彩蛋《贵妃醉酒》、《貂婵赏月》等，人物栩栩如生，笔触细腻准确。我正在观画，屋外传来脚步声。一个四十多岁的女子，腋下夹着一卷画纸进来了。哦，正是她！她脸色苍白，穿着普通，举止文静，像她这样年龄的上海妇女，绝大多数烫发，她却一头直梳短发。

当我说明来意，她竟摇头，以为那只是一桩小事，不屑一提。我再三诚恳地希望她谈一谈。她说："如果你不对外透露我的姓名，我可以谈。"我答应了。她用很冷静而清晰的话语，很有层次地回溯往事。有时，她中断了叙述，陷入沉思，可以看出她在极力克制自己的感情……

她说，她与傅家毫无瓜葛。但是，她从小喜欢读傅雷的译作，从傅雷翻译的《约翰·克利斯朵夫》、《贝多芬传》中认识了这位执着、认真的大翻译家。她也喜欢弹钢琴，听过傅聪的演出。一九六六年九月初，她正在钢琴老师那里学琴。钢琴老师的女儿是上海音乐学院学生，告诉她难以置信的消息："傅雷夫妇双双自杀了!"她顿时懵了。钢琴老师的女儿说，上海音乐学院的造反派到傅家大抄家，斗傅雷，折腾了几天几夜。傅雷夫妇被逼得走投无路，才愤然离世。听说，傅雷留下遗书，说自己是爱国的!

她听罢，心潮久久无法平静。她决意瞒着父母，独自行动。

她马上赶到江苏路。凭借墙上的"打倒老右派傅雷！"的大字标语，她很容易就找到了傅雷的家。不过，傅雷家已经被查封，无法进去。她向傅雷家的邻居打听，得知傅雷保姆就住在附近，于是她来到傅雷保姆周菊娣家。

她从周菊娣那里得知，傅雷夫妇死后，在西宝兴路万国殡仪馆火化，不准认领骨灰。她听了之后很着急，她想，能不能由傅雷的亲属出面去认领骨灰？她向周菊娣询问傅雷亲属的地址，周菊娣告诉她，傅雷的姑母就住在不远的武定路。

她来到傅雷姑母家中。她问起傅雷亲属之中，谁能够出面去认领傅雷夫妇骨灰？傅雷姑母说，傅雷之子傅敏在北京跟"牛鬼蛇神"一起劳动，无法来上海。除了傅聪远在英国、傅敏在北京之外，傅雷没有别的子女在上海。

于是，她便以傅雷“干女儿”的名义，赶往上海西宝兴路火葬场，前去收留傅雷夫妇的骨灰。但是，她无钱购买骨灰盒。

她从那里的登记本上，查到朱人秀的名字以及地址。

据朱人秀回忆[16]，她戴着大口罩来到朱家，说明来意。朱人秀问她姓什么，她说自己姓“高”（据她自己说，由于在上海话中，“高”与“江”音相近，所以自称姓“高”）。朱人秀问她住哪里，她不肯说。朱人秀见她连地址都不肯说，而且又从未谋面，与傅家非亲非戚，有点不放心。于是，朱人秀把钱交给外甥张廷骝，让他陪着“高”姑娘前往上海西宝兴路火葬场。在买好骨灰盒、领取傅雷夫妇的骨灰之后，“高”姑娘把傅雷夫妇的骨灰盒带回自己家中，暂且先保存起来。

过了几天，她和张廷骝约好，一起把傅雷夫妇骨灰盒送往上海永安公墓，办理存放手续。考虑到傅雷的名字太“醒目”，“高”姑娘从朱人秀那里得知傅雷原名傅怒安，就在骨灰盒上署名傅怒安……

朱人秀说，1979年上海要为傅雷夫妇平反、举行追悼会的时候，急于寻找傅雷夫妇的骨灰盒。他派女儿和姓涂的亲友一起到了永安公墓，竟然没有找到傅雷夫妇的骨灰盒。他们非常着急。一问，才知道傅雷夫妇的骨灰盒安放在永安公墓之后，多年来没有人来祭扫，也没有交管理费，按照规定要“处理”掉。毕竟天下的好人多。永安公墓一位管骨灰盒的人，当时从“高”姑娘口中听说那是傅雷夫妇的骨灰盒，没有“处理”掉，而是转送到青浦乡下的一个公墓。傅家亲属在那个管理员陪同之下，在上海远郊的青浦找到傅雷夫妇骨灰盒……

朱人秀回忆说，1979年当傅聪终于回到上海的时候，看到父母的骨灰盒，非常痛苦，同时又非常感谢那位不认识的“高”姑娘。

在领出傅雷夫妇的骨灰之后，她出于义愤，想给主持正义的周恩来总理写信，反映傅雷夫妇含冤离世，声言傅雷是爱国的。信末，她没有署名。

她告诉我：“当时，在关于‘文革’的《十六条》中，好像里面有一

---

⑯ 1985年7月8日再度采访朱人秀。

条提到‘只要是爱国的，就是……’，我听说傅雷在遗书中说到‘自己是爱国的’，所以要为傅雷鸣不平。”

在那艰难时世，小小弱女子的她，挺身而出，义无反顾。在当时，二十七岁的她，还是一个“无业者”——在父亲身边充当绘画助手并照料父亲。

她告诉我，她原本在上海市第一女子中学高中部，凭她门门优秀的成绩，步入大学校门是不成问题的。然而，就在她即将高中毕业的一九五八年，正处于“反右派运动”尾声。按照上级的“反右补课”的规定，学校里的“右派分子”还“不够数”，便把俄语女教师柴慧敏打成“右派分子”。可是，查来查去，这位女教师的“右派言论”仍“不够数”，知道她俄语成绩优秀，与柴老师关系密切，一定要她“揭发”。她怎能做这种诬陷之事？！由于她不愿从命，她在班上受到批判。她记得，在批判会上，同学们都坐着，惟独她站着。在遭到批判之后，在毕业鉴定中被写上“立场不稳，思想右倾”。这八个大字断送了她的前程。她的“政治品德”，被写上“差”！于是，她的大学梦从此破灭。于是，任何单位都不敢录用，她只得居家从父绘画。那位被戴上“右派分子”的俄语女教师柴慧敏，后来在“文革”中被逼上绝路，像傅雷夫妇那样自杀了……

年纪轻轻的她有过这番冰寒彻骨的经历，她理所当然打心底里非常同情被错划为“右派分子”的傅雷的悲惨命运以及由此引发的一系列傅家的灾难。

她压根儿没有想到，她写给周恩来总理的信未能寄出上海，便落到上海市公安局的造反派手中。他们见到信的字迹老练，书法漂亮，以为必定是上海文化界的“老家伙”写的，便作为重大案件追查。一查，才知道出自一位姑娘之手。经过反复调查，这个小女子背后确实无人“指使”，这才没有给她戴上“现行反革命”的帽子。但是，她却因此在“反革命”的阴影之中生活了十二年之久！

她告诉我，1972年父亲去世之后，她走出家庭，被分配到里弄生产组工作，那时她已经三十三岁。她一天的工资，最初是三角、四角，后来是八角、九角。那“反革命”的可怕名声耗尽她的青春，她自知这一生“要苦到底了”……

从下午三时一口气谈到晚上八时，我深为她的精神所感动。我发表了报告文学《她，一个弱女子》。我信守诺言，通篇只用一个“她”字。

此后，我与她有了许多交往。令我非常感动的是，她异常的刻苦，非要把当年无法进大学的缺憾补过来。1985年秋，四十六岁的她居然去报考上海第二教育学院中文系本科班，两年后毕业，各科成绩皆优，终于圆了大学梦。1987年，她获得上海市首届“永生奖”钢笔书法大赛二等奖。1988年，获“庐山杯”全国书法大赛一等奖。1989年，她的书法作品被收入浙江文艺出版社出版的《当代书画篆刻家辞典》，名列中国当代书画家之中……

更令我感动的是，她对于傅家的感谢之情，退避三舍，淡然处之。在物欲横流的今日，她安心于过着简朴的日子，如同出污泥而不染的荷花。她为傅雷伸张正义，付出了沉重的代价，以至一生的幸福。《傅雷家书》发行了一百多万册，傅雷赢得了广大读者的深深的尊敬；傅聪一次次回国演出，掌声雷动，鲜花簇拥。傅家如日中天。傅家当然不忘她当年的正义之举，总想找机会报答。她却说:“我与傅家毫无关系！”她还说，如果她今日接受傅家的报答，那当初她就不会挺身而出了。傅家的感谢只会使她“窘迫和难堪”。

她以为:“并非每一个人、每一件事都必须酬谢或以语言表意，处理某些事情的最好办法，莫过于听其自然。我需要什么?我所要的是：自尊，一个女孩子(别管那女孩子有多老)应有的自尊。遗憾的是并非每一个人都懂得这一点。”

她这样论及灵魂：“我在这块土地上拖过了童年、青春，看尽了尝够了不同的人对我的明嘲暗讽，偏偏我的敏感和自尊又是倍于常人。然而我愿宽恕他们。因为人总是这样的：活在物质的空间中，便以物质的眼光估价别人、估价一切。他们不知道人赤身来到这世界，人的灵魂是等价的：也许大总统的灵魂比倒马桶的更贱价，如果他的心灵丑恶。可惜，不是每一个人能想到这一点。如今我已到了这样的年岁：虽非日薄西山，却也桑榆在望，只求得宁静，此外的一切，我都无所谓了。”

她是那么的“傻”。旧房拆迁的通知寄到她手中，她连忙从市中心迁到远郊的临时租借的房子，房租比她的工资还高。迁出去半年了，回到原地一看，许多邻居仍“按兵不动”呢，而她家竟成了拆迁办公室！

一生磨难，退休时她还只是“助理研究员”。退休之后，她仍在学校里，给一位日本留学生补习汉语课，以求在那菲薄的退休工资之外增加一点收入。

1997年10月，傅雷次子傅敏来到上海，希望会晤从未见过的她。我给她打电话，她总算同意了。我陪同傅敏来到她的学校。傅敏刚要当面表示谢意之际，她马上制止道：“你要说什么话，我心里很清楚。这些话，就不必说了吧！”那天我带了照相机，想给她与傅敏夫妇一起拍一张合影，她也谢绝了——她从来不让我拍照。

这些年，她惟一答应我的要求，是允许公开她的姓名——江小燕。

江小燕当年的所为，用今日的语言来说，那就是“见义勇为”。然而，这“见义勇为”，对于一个纤纤弱女子而言是太不容易了。无权无势、无名无利的她，年逾花甲，至今独身。退休多年的她，在上海过着平静、平凡、平淡的生活。绘画、书法、诗词、音乐，使她的精神世界格外充实。她在给我的信中写道：“余深心之宁然，净然，此万金所难易，则何悔之有？君不闻：‘朝闻道，夕死可矣！’”

这“宁然，净然”，正是江小燕心灵的写照。“浓绿万枝红一点，动人春色不须多”。平凡女子有着不平凡的胸襟、纯洁的灵魂，江小燕为华夏大地增添了动人春色。

朔望先生写过一首诗，称赞江小燕为“仙娥”[17]：

江湖侠骨已无多，
况复秋潦太滂沱。
谁分昏黄闻窸窣，
剔灰埋骨有仙娥。

⑰ 毕朔望，《诸夏雷音》，1986年9月5日《新民晚报》。后作修改，收入金圣华编《傅雷与他的世界》，北京三联书店1996年版。

2004年7月，江小燕赠我横幅，写着：

得意淡然
失意泰然
自处超然
群处蔼然

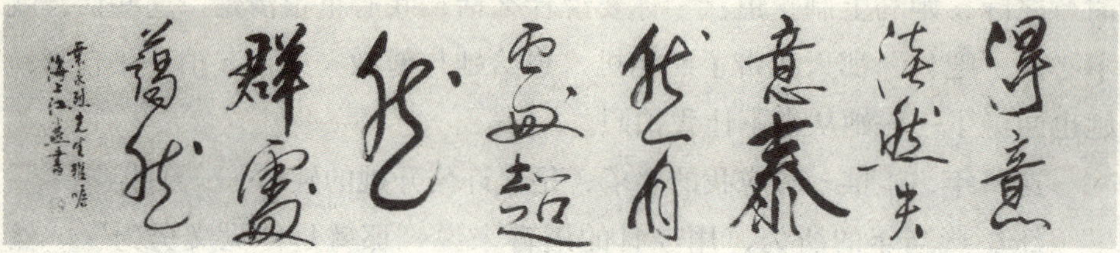

江小燕书法作品。

我想，这既是她给我的赠言，也是她自己处世的格言。

第九章 傅聪归队

傅聪、傅敏在傅雷夫妇平反昭雪追悼会后前往骨灰堂。

傅雷冤案终于平反

傅雷在1963年6月2日致傅聪的信中说：

历史上受莫名其妙的指责的人不知有多少，连伽利略、服尔德、巴尔扎克辈都不免，何况区区我辈！……老话说得好：是非自有公论，日子久了自然会黑白分明！

是的，是非自有公论，日子久了自然会黑白分明！

十年浩劫终于画上句号。中国巨轮终于脱离了“左”的航道。一时间，拨乱反正，成了中国媒体的高频词。

傅雷冤案的平反，提到了议事日程。

生前没有“单位”的傅雷，由上海市文联负责平反工作。

1979年2月3日，中共上海市文联临时支部作出《关于改正傅雷同志右派问题报告》[①]。我在上海市文联组织部查到了这一报告。这是关于傅雷的重要文件，现全文照录于下：

傅雷，男，1908年生，上海市南汇县人，家庭出身地主，本人成分自由职业者，著名的法国文学翻译家，曾经是上海市第一届政协委员，中国作协上海分会书记处书记，1958年反右“补课”时，经上海市委批准定为右派分子。1961年10月，经上海市委批准摘掉右派分子帽子。1966年9月3日，傅雷同志因受林彪、“四人帮”反革命修正主义路线的迫害，与其妻朱梅馥同时自杀身死。

原划右派的依据和复查意见：

1. 报告认为：傅雷“坚持资产阶级民主，反对社会主义民主”，说

① 1985年6月3日抄于上海市文联。

他“以‘不问政治’‘脱离政治’为掩蔽，积极从事各种政治活动；“对于选举制度，觉得不民主”；“对这次整风鸣放，他从资产阶级立场来理解，只要放，不要‘收’，只许右派谩骂，不许提出反批评。”

经复查：傅雷同志解放初期在家译书，很少参加政治运动。后来逐步靠近我党，积极参加革命活动，这是进步的表现。关于选举制度，他曾说过“选举先圈定名字，总归不够民主”的话，但他在1957年8月3日写的《检查自己，分清敌我》一文中说：“……于是我明白了协商提名的选举才是真正的民主制度。”在放和收的问题上，他赞扬“双百方针”，认为“这才是真正的民主，这才是党和人民的伟大……”《人民日报》反击右派进攻的社论发表后，他曾写信给柯庆施和魏文伯，认为是“收了”，当他认识到自己的看法有错误以后，在6月29日发表《比一比，想一想》的文章中，批驳了右派分子向党进攻的谬论。从傅雷同志在鸣放中的表现看，不是“坚持资产阶级民主，反对社会主义民主”。

2. 原报告认为：傅雷“反对共产党”“反对社会主义”。

经复查：1957年鸣放期间，傅雷在报纸上发表了《大家砌的墙大家拆》、《为繁荣创作，提高出版物质量提供好的条件》等文章，并在鸣放会上作了发言。这些文章和发言，有的批评“党群之间有隔阂”号召“大家拆墙”；有的论述了“怎样培养新生力量”；有的对创作、出版、编辑工作提出建议。其中有些意见是建设性的，但有些看法有片面性，如说“……人事处像休养所，像养老院，又成为官僚主义的温床，本单位的绊脚石”等，但不是在根本立场上反党反社会主义。傅雷在一些熟人同事中，确曾议论过一些单位的鸣放情况，但不能说是反党活动。

3. 关于“反对苏联”问题，原报告认为：“反苏立场他是一贯的，在目前仍未改变”。

经复查：鸣放期间傅雷的发言和文章中没有涉及到苏联问题。1947年傅雷在《文汇报》发表的题为《我们对美苏关系的态度（译者代序）》的文章及在其他的言论，不能作为划右派的依据。

综上所述，1957年鸣放时，傅雷同志发表的文章和言论，其中有些意见是建设性的，有的观点有片面性，但不是右派言论，定为右派分子是错误的。因此，根据中共中央第55号文件精神，对其被划为右派分子应予改正，恢复其政治名誉。

此报告当否，请审批。

中共上海市文联临时支部

1979年2月3日

中共上海市文联临时支部这一报告经过中共上海市委宣传部及组织部同意，并报中共上海市委批准，决定对傅雷被划为右派分子给予改正，恢复政治名誉。

在追悼会上，柯灵致悼词
（1979年4月26日上午）

根据中共上海市委的意见，1979年4月26日上午，上海市文联和中国作协上海分会隆重举行“傅雷、朱梅馥追悼会”，为傅雷夫妇平反昭雪。

柯灵在悼词中郑重宣布：1958年把傅雷划为右派分子是错误的，应予改正；十年浩劫中傅雷夫妇所受诬陷迫害，一律平反昭雪，彻底恢复政治名誉。

在追悼会上，出现两个奇迹：一是由于江小燕的保护，傅雷夫妇的盒骨灰安放在会场；二是傅聪居然出现在追悼会上，并在追悼会之后，与弟弟傅敏一起捧着父母的骨灰盒，前往上海革命烈士公墓安葬。

月26日上午9点举行的“傅雷夫妇平反昭雪追悼会”全景，与会者三百余人。

1961年8月19日，傅雷在致傅聪的信中写道：

即使想到你，有些安慰，却也立刻会想到随时有离开你们的可能，你的将来，你的发展，我永远看不见了，你十年二十年后的情形，对于我将永远是个谜……

追悼会后，傅聪、傅敏在亲友的陪同下，在骨灰堂前合影（1979年4月26日上午）。

确实，傅聪“十年二十年后的情形”，是傅雷所无法想象的。

傅聪在与弥拉离异之后，曾经有过一次草率的婚姻。他选择了一位东方女性——南朝鲜驻摩洛哥大使的女儿。

傅聪的第二次婚姻很不幸。用他自己的话来说：“我们结婚三个月便无法共同生活了……三个月，短暂的婚姻。”

仓促的结合，导致迅速的离异。

他，又成了形单影只的独行者，在人生的道路上踽踽而行。

终于，一位中国女性的琴声，引起了他心中的共鸣。

她叫卓一龙，是英籍华人钢琴家。她出生在“音乐之岛”——福建厦门的鼓浪屿[2]。父亲卓绵成是当地富商，曾任亚细亚石油公司的经理代理人。母亲叫周默士。卓一龙从小习琴。笔者在鼓浪屿访问殷承宗的老家时，他的哥哥殷承典指着客厅里一架上了“年纪”的钢琴说：“这架琴，原是卓一龙用的。殷承宗小时候用的就是这架钢琴。”原来，一墙之隔的另两幢小楼，就是卓家！后来，卓一龙随父母迁居香港，在那里学习钢琴。她获得了奖学金，赴英国皇家音乐学院和巴黎音乐学院深造，曾在德国、荷兰、南斯拉夫等国演出。如今，她在英国皇家音乐学院任教。

卓一龙与傅聪结婚后，生一男孩子，名叫凌云。

傅敏尝够人生咸酸苦辣

1966年11月里，傅聪才从法国的一位朋友那里得知父母去世的消息。他的脑海中，回响着苏轼的那首《江城子》：“十年生死两茫茫，不思量，自难忘。千里孤坟，无处话凄凉……” 一些外国记者得知傅雷夫妇的死讯，马上赶来，要傅聪发表谈话。他们的用心，是不言而喻的。在那样的时刻，傅聪仍是坚定地恪守他的原则，他决不出卖自己的灵魂。

为了表达对双亲的悼念之情，傅聪只是在一次独奏音乐会上，向观众说了一句话：“今天晚上我演奏的节目，都是我的父母生前所喜爱的。”傅聪用他的琴声，寄托着深切的哀思。这是他在公开的场合之中，对父母的离世所表达的唯一的方式。

父母双亡之后，傅聪牵挂着弟弟傅敏，得不到傅敏的任何消息。

傅敏，处于极度的艰难之中。

1968年8月，傅敏作为“现行反革命分子”，已经被“红卫兵”在学校里关押了好几个月。本来，由于校长杨滨的多方保护，傅敏的“身份”没有暴露，他的日子还能勉强过得下去。

然而，当杨滨被作为“走资派”揪了出来，有人抛出了傅敏的档案。

---

② 1985年7月21日在厦门鼓浪屿采访卓一龙堂姐卓明慧。

哦，原来女一中“藏龙卧虎”，还隐藏着这么个“阶级敌人”——“大右派”傅雷之子，“叛国投敌分子”傅聪之弟！大字报铺天盖地而来。斗傅敏与批杨滨连在一起：傅敏是杨滨的“大红人”，杨滨是傅敏的“大红伞”！

如果说，傅敏的家，是一张四条腿的桌子。在父母双亡之后，两条桌腿断了，而傅聪远在英国伦敦，他那条桌腿悬空。于是，桌子上的压力，全都压到傅敏头上。他，确确实实，承受了全部压力！

他对种种极“左”思潮看不惯，心里又憋不住。一个学生因为说了句“毛泽东思想可以一分为二的”，要打成“反动学生”。傅敏居然同情他，声称“毛泽东思想当然可以一分为二”!这种话，竟然出自“混蛋”之口，那还得了?傅敏还在写给一位插队东北的学生的信中，讲述了对“文革”的种种不满。那封信落到了“红卫兵”手中，便成了傅敏的“三反罪证”。

有其父必有其子，有其兄必有其弟。于是，一顶“现行反革命分子”的帽子，飞到了傅敏头上。他，成了“囚徒”，被关押在学校的“土班房”里。

傅敏，全身浮肿，脸都“走样”了。

有冤无处伸，有理无处讲，拿人不当人，皮鞭棍子响。傅敏实在忍无可忍，终于决心走上绝路，跳河自尽……

厕所紧靠在护城河边。趁上厕所的时候，他从窗口纵身一跃，头朝下，脚朝天，坠进河中。他不会游泳。他想，这一次可以来到另一个世界，和早走一步的父母在那里会面……

傅敏跳了下去，谁知水浅，没有淹死。这时，他被红卫兵发现了。他拚命地往墙上撞，头上撞了个大窟窿，殷红的鲜血顿时涌了出来……

他，被人救起，急送北大医院。由于他的身份是“现行反革命”，医生在给他缝头皮的时候，连麻醉针都不打。傅敏忍着剧痛，被缝了十几针，连一声也未曾吭过!他左边的头皮，从此留下碗口大疤。他的头发从小便是往右梳的，跟他父亲一样；此后，却不得不往左梳，以遮盖那块大疤。

傅敏回忆说：“我自杀是1968年夏天的事。1968年我因反对江青以及反对搞早请示晚汇报那一套做法等等言论，被打成了现行反革命，我给关在学校，所谓群众专政，失去了人身自由，而且那时有理无处说，叫天天不应，叫地地不灵，痛苦绝望之下，才无奈走上了不归路。”[3]

傅敏被“红卫兵”拖回学校。“妄图以自杀对抗运动”!好家伙，又是一场接一场的批斗。

傅敏痛不欲生。趁上厕所的时候，用手摸电门，再度自杀。可是，他穿的是胶鞋，触电未死。欲生不得，欲死不成。人生的咸、酸、苦、辣，傅敏算是尝够了。他仿佛成了一个麻木的人，不知道时间怎样从身边淌过。

严冬，他躺在水泥地铺上睡觉，“牢房”里没有一丝暖意。早上醒来，连脸盆里的水，都整个儿冻住了……

傅聪“想念北京的蓝天”

傅聪关心着祖国的命运。他订阅了许多中文报刊，他也从外国报刊、广播、电视中，时时关注着来自祖国的消息。

1972年，美国总统尼克松先生访华时，傅聪又动心了。他托朋友转达了他想回去看看的心意，但是没有回音。

傅聪的琴声如诗，博得了“钢琴诗人”的美誉

1977年初春的一天，傅聪和他的妻子驱车外出，忽然从汽车的收音机里传出中国中央乐团演奏的贝多芬第五交响乐，他的心颤抖了。他已经有20年没有听到中央乐团的演奏了。

伟大的贝多芬的作品，在中国被荒唐地禁止了十年之后，终于又重新

③ 傅敏致叶永烈，2004年9月9日。

出现。他想，也许是时候了。

傅聪在出席父母平反昭雪追悼会期间

这年，傅聪打听到与他断绝音信十多年的弟弟阿敏的下落，给他写了信。在信中他叙说了自己的思乡之情，说不知哪天能够再看到故乡上海的风光，见到日夜想念的亲人和朋友。

柯灵在接受笔者采访时，这样回忆道④：

1978年，傅聪找人带信给傅敏，说“想念北京的蓝天”。傅敏马上把信转给我看。我给上海有关领导部门写了很长的信，结果竟没有回音。那时“左”的思想还很厉害，傅聪的问题一下子还解决不了。

不久，香港《新晚报》约我写《忆傅雷》。当时，傅雷的冤案尚未平反。我写好文章，请巴金看过，在北京的《文艺报》和香港《新晚报》上一起发。当时，在香港反响很大，认为这是傅聪可以回来的讯号。

1978年11月，傅聪的老朋友、中央音乐学院副院长(后为院长)吴祖强率领中国艺术教育代表团，去英国访问。当年，傅聪在波兰留学时，吴祖强在苏联留学，他们之间有过许多交往。尤其是他们因父兄成了“右派分子”曾经同受“批判”，有着共同的命运。

④ 1985年1月1日，在北京采访老作家、傅雷好友柯灵。

吴祖强是傅聪回国的牵线人。吴祖强在率领中国艺术教育代表去英国之前，就向上面打了报告，准备与傅聪接触。我在北京采访了他[5]。吴祖强告诉我：

傅聪从波兰出走之后，我们失去了联系。一晃二十年。

1978年11月，我率中国艺术教育代表团去英国。还没有出发，我就预料到傅聪会来找我——因为我们有过"患难之交"，他对我是有感情的。领导上也估计到这一点。所以，出国之前，就对傅聪问题作了研究。

果真，我一到伦敦，他就托人转告，很想见一见。不过，很不巧，他去瑞士演出。他希望回来之后，能够见到我。

他一回来，就急着给我打电话。一次一次地打。那时候，我的活动日程排得满满的，总是在外边参观、出席会议。他老找不到我。一天夜里，十点多了，我刚刚回到旅馆，电话铃响了。他一听是我的声音，高兴极了，说马上就来。

果真，半小时以后，他来了，穿着中式棉袄，还是过去那样子。我们20年未见面，我的头发都白啦。

傅聪显得非常激动。他说："你是我二十年来第一个见到的国内来的老朋友。"

那天晚上，我们一口气谈了一个多小时。已经是深夜十二点了。他考虑到我第二天早上还有活动，就告辞了。那时候已经没有公共汽车了，我问他怎么回去。他这才说，他有小汽车，不过，他不会开车，是妻子卓一龙开的。她在车里等他。

就这样，我在伦敦的日子里，只要夜里有一点空，他就来看我，来过好多次。每一次谈话，总是由我向他介绍国内情况，他则向我介绍自己的情况。

他再三向我申述了回国的愿望和要求。他说，他的思乡之情，非常强烈。他思恋着祖国，思恋着人民。

我当即向他表示，欢迎他归来。过去的事，不纠缠。

⑤ 1983年9月18日，在北京采访中央音乐学院院长吴祖强。

他有点不大切合实际，希望马上搬回去。他这种强烈的要求回国的心情，我很感动。但是，我也实事求是地向他加以说明，现在国内的生活与你现在的生活，差距还很大。我建议他还是先回去看一看，不必急于回国定居。这样，他可以有充分的时间加以考虑。

另外，我还建议他，可否给邓小平同志写一封信，正式提出回国要求。我可以替他转达。他同意了。

事后，他告诉我，那封信翻来覆去，怎么也写不好。他从未给中国领导人写过信，他不知道该谈些什么才好。他要求回国的愿望，是非常强烈的。最后，他终于写了一封信给邓小平同志，几句话，很简单。内容大致是说，他的弟弟，是他唯一的亲人，现在国内，他很希望回去看看，同时也愿尽自己的力量为祖国做一点工作。

不久，邓小平同志收到他的信。

邓小平批准傅聪回国

1978年12月28日，邓小平在傅聪的信上作了批示[6]：

傅回国探亲或回国工作都可以同意，由文化部办理。

由于邓小平对傅聪问题作了批示，傅聪终于得到祖国的谅解，终于回来了，回到了祖国。

4月24日，傅敏赶到广州，迎接从英国转道香港归来的傅聪。

阔别22年!22年前，兄弟俩都还是二十出头的青年，如今，双双步入中年。22年间，彼此都走过了极度坎坷的道路。追昔抚今，无限感慨。别后悠悠，“执手相看泪眼，竟无语凝噎”！4月26日，傅聪和傅敏在上海出席了父母的追悼会。会议开得那么隆重，文艺界知名人士和傅雷生前好友近

⑥ 文化部“文教字（82）第1439号”文件。

三百人出席，中宣部、文化部、教育部、国家出版局、中国文联、中国作协送了花圈。冤屈得昭雪，忠魂得慰藉，傅雷夫妇颔首微笑于九泉！

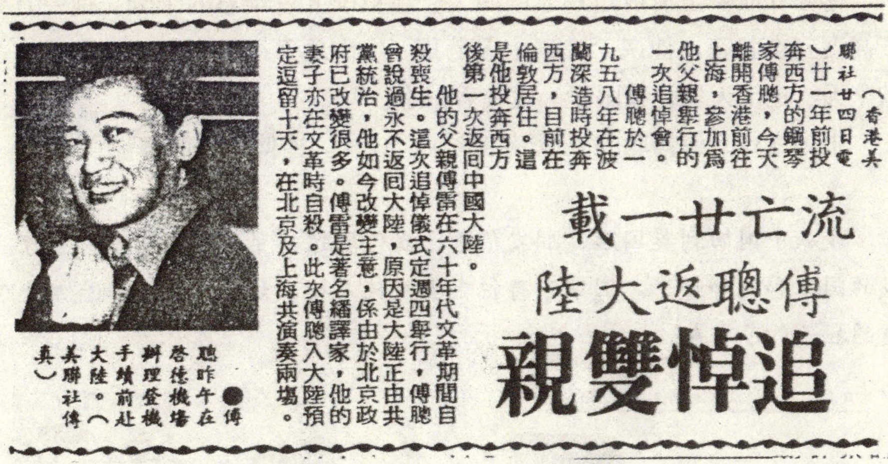

追悼雙親
傅聰返大陸
流亡廿一載

（香港美聯社廿四日電）廿一年前投奔西方的鋼琴家傅聰，今天離開香港前往上海，參加爲他父親舉行的一次追悼會。

傅聰於一九五八年在波蘭深造時投奔西方，目前在倫敦居住。這是他投奔西方後第一次返回中國大陸。

他的父親傅雷在六十年代文革期間自殺喪生。這次追悼儀式定週四舉行，傅聰曾說過永不返回大陸，原因是大陸正由共黨統治，他如今改變主意，係由於北京政府已改變很多。傅雷是著名翻譯家，他的妻子亦在文革時自殺。此次傅聰入大陸預定逗留十天，在北京及上海共演奏兩場。

●傅聰昨午在啓德機場辦理登機手續，前赴大陸。（美聯社傳真）

1979年4月旬，傅聪阔别祖国二十余载，终于归来，当他途径香港时，引起媒体广泛注意。这是美联社为傅聪发出的专电，并配发傅聪在香港机场的照片。

傅聪回到上海，没有住宾馆，而是住在舅舅朱人秀家中，度过那难忘的四天。朱人秀告诉笔者[7]：

傅聪傅敏阔别二十二年后，第一次重逢于广州机场外（1979年4月24日）。

1979年4月，我听说傅聪要回来，非常高兴。我到机场去接他。不巧，那天有雾，飞机晚点。傅聪终于平安地到达了。我把他接到家里。他那次在上海逗留了四天，住在我家。我们一起谈别后的经历，非常兴奋。傅聪的本性是“天马行空，无所顾忌”，很直爽，无所不谈。

后来，他每一次回来，我们都很高

⑦ 1983年9月5日，在上海采访傅雷夫人的哥哥朱人秀。

兴地叙谈。我是看着他长大的呵!

傅聪在故乡上海度过难忘的四天，在祖国度过难忘的十天。他一直处于高度亢奋状态。他说，“这十天是我一生中最幸福的十天，也是最痛苦的十天。这十天里，我眼里一直噙着泪水。”[8]

中国之行，使傅聪的心境变得愉快、轻松。连傅聪自己都说[9]：

我从中国回到英国后，朋友们都说我傅聪像换了一个人。我平静了。我的国家和我和解了。国家不再把我当叛徒看待，让我回来了。我肩上沉重的担子卸了下来。

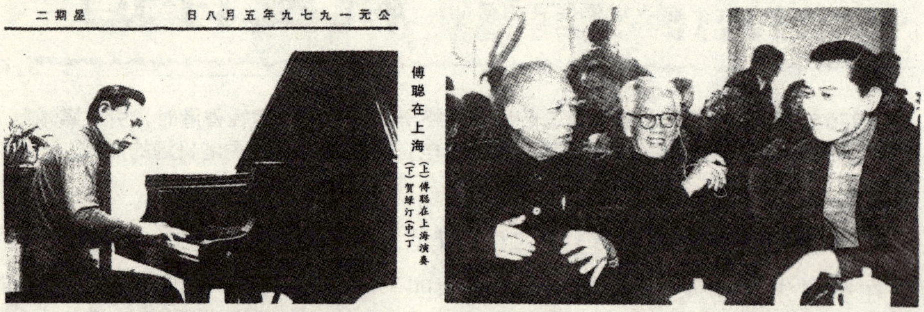

傅聪在1979年4月下旬从英国回到上海，引起海外媒体广泛注意。这是香港《文汇报》在1979年5月8日发表傅聪在上海的照片：（左图）傅聪在上海演奏，（右图）傅聪与贺绿汀（中）等。

二十年心神不安的游子生活已成为过去，他又回到了祖国的怀抱。从那以后，傅聪差不多年年回来一次，他讲学、演奏，尽了一切力量，为祖国做一点有益的工作。

傅聪回来，有的服务员在他的餐桌上放了“英籍钢琴家傅聪”的牌子，他立即把“英籍”两字涂掉。他说，我不是“外宾”，我是中国人!

吴祖强对我说起了当时傅聪的情况[10]：

---

⑧ 谭爱清，《钢琴家傅聪话归来》，1980年第5期《中国建设》。

⑨ 谭爱清，《钢琴家傅聪话归来》，1980年第5期《中国建设》。

⑩ 1983年9月18日，在北京采访中央音乐学院院长吴祖强。

他回国后，尽心尽力地工作，大家普遍反映好。在国外，尤其是在国外华裔人士中，傅聪回国引起很大的震动，对这件事的反映也大都很好。

傅聪希望回国定居，曾到北京看过房子，希望买一幢，住下来。考虑到种种情况，我们还是劝他再看一看，不必急于回国定居。

傅敏成为优秀教师

1979年5月，傅敏到英国探望唯一的亲人——哥哥傅聪。趁探亲的机会，他报考英国一所语言学校，进修现代语言专业。160多名考生，只取30名，他，考上了。傅聪从各方面照顾他，使他在伦敦的生活很舒适……

傅敏回忆说："1979年5月我去英国，主要是探亲，同时利用在英国的机会，进修英国文学，英国现代语言，先上暑期班，后正式考入了进修班。"[11]

傅敏出国的时候，同事们挥手相送，都以为是永别。同事们猜测，傅敏从此一去不复返。其中的原因是可想而知的：

一、他的双亲，是那样死去的；

二、他本人，受尽"左"的磨难，差点丧生；

三、他在英国有着一个颇有地位的亲哥哥；

四、他是英语教师，何况从小在家受到西方文学的熏陶。他在西方定居，既无语言障碍，也不会对生活不习惯。凭他的才智，在英国找个工作是不难的；

夏衍和王炳南在北京饭店宴请傅聪（1980年初）

⑪ 傅敏致叶永烈，2004年9月9日。

傅聪与贺绿汀亲切交谈（1981年冬）

完全出人意料，1980年7月27日，《人民日报》发表了《介绍一封寄自海外的信》。那本是傅敏写给在香港工作的朋友郭先述的一封普通的信。郭先述读后，深深为之感动，便投书《人民日报》，推荐发表。

傅敏的信，是这样写的：

郭先述同志：

我初步决定七月底到港，然后回国。

来英已一年余，我就读的课程六月中旬结束，然后游览一下英国。最后，访问了一个College (学院)、两所小学。下周还将访问两所中学，准备呆两天，这是我的重点。同时，我准备设法搞点教材，主要是数学和英语教材。英国的教育问题也不少，但也有一些值得我们学习的地方。

1979年冬，傅敏前往英国进修

来此后，感想很多，总的感觉是：西方确实走在我们前头，但毕竟是资本主义，前途没有什么希望。相反我觉得中国今天虽然落后，但有潜力，只要政治稳定，彻底清除极左路线的流毒，我们的国家是最有希望、最有前途的国家……许多人都不理解我为什么要回去。其实，我出来时从没有不回去的念头；出来之后，更坚定了回去的念头……我觉得回去能尽自己的能力为国家做点有益的工作，我这一生才算没有白白度过，我也心安了。

有人说我是个极端的爱国主义者，我承认我是爱国的，但不是极端的，因为极端似含"排外"的意思。国内现在有那么一些人向往国外，如果是为了学点东西，再回去为国效劳，我很赞成。但如果是为了享受而想定居国外，一则我能理解，毕竟十年浩劫，极左路线把大家搞苦了，二则我不赞成，如果都往外跑，我们这个国家靠谁来建设?祖国好比是自己的母亲，我们能抛弃百病丛生的母亲不管吗?有的人是怕再来个反复，我觉得那已是不容易的事了，即使再来一次，那就不是我一个人的问题，而是整个民族的存亡的问题。我宁愿与哺育我成长的人民共存亡。也许从小父亲对我进行的爱国主义、民族主义的教育很深……我对祖国前途是乐观的，但我深知道路是曲折的。

信，写得那么坦率、诚挚，没有半点虚伪，没有半句违心的话。他是那么想的，他是那么写的，他是那么做的——他，真的回国了!

1980年8月，傅敏从英国途经香港、上海，坐火车回到北京。校长兼党支部书记刘凤梧亲自到北京车站迎接他。

傅敏在接受我的采访时说[12]：

"我大学刚毕业的时候，对中学教师工作平凡而伟大的意义毫无认识。当时，《世界文学》的主编陈冰夷找我爸爸，想把我调去，结果爸爸说：'他现在工作得很好，也很安心，不要去干扰他，引起思想上的波动。'就这样，我一直在中学教英语。

"如今，我是有二十多年教龄的中学教师了。我深深地爱上自己的职业。中学教师是很光荣的，是灵魂的工程师，是神圣的职业。在英国，他们的中学教师，倒是大学毕业的，教材也编得好。可惜教师缺乏事业心，

⑫ 1984年12月22日，在北京采访傅雷次子傅敏。

缺乏高尚的献身精神。他们教书是为了赚钱，上课时学生听不听他不管，一看手表，到了时间，课没讲完也马上下讲台回去。这一点与我们中国很不一样。出去一年，我真感到我们中国的中学教师是最好的教师。我们中国有些中学教师为了培养学生，不计时间，不讲报酬，工资虽然低，命都舍得豁出去……我为做一个中学教师而感到自豪。在外国人面前，我总是很响亮地说，我是中国的一个中学教师!"

傅敏执著于教育事业，成为模范教师。这是傅敏和他的学生们。

听了傅敏这些发自肺腑的声音，我又记起楼适夷对他的赞赏："他淡于名利，安心于做一个普通的中学教员。论品格，不在傅聪之下……"

确实，傅敏是在平凡的工作岗位上，做着不平凡的工作。他没有著书立说，没有琴声震世，但是他丝毫不逊色于他的父兄。傅敏曾说过："我觉得，不管做什么，首先要做一个真正的人……"

总书记胡耀邦关心傅聪

有了邓小平的批示，傅聪终于得以回国。但是，这并不等于一切都风平浪静。“左”的阴影，不是一朝一夕所能驱除。1981年2月，当傅聪回国演出，爆发了对傅聪的尖锐争论。中共中央总书记胡耀邦对傅聪问题作了重要批示。

关于这一风波的经过，二十年后，李春光先生在2001年披露了内情⑬：

1981年，傅聪回国演奏、讲学，《人民日报》发了一个广告，称“著名英籍钢琴家傅聪先生钢琴独奏会……”北京、上海另一些报刊也准备刊登音乐会广告，并拟发表相关新闻报道和记者专访。傅对《人民日报》广告不满意，说：什么“英籍钢琴家？”我是个中国人。什么“傅聪先生”，哪一天才能叫我一声“同志”啊！

没过几天，一些原定发表的广告和新闻忽然不发了，约定的记者采访也取消了。傅聪是个十分敏感的人，他觉得困惑、不安，问：“这是怎么回事？”我说：“不知道。”恰在此时，一天晚上，中宣部理论局的郑仲兵告诉我：中央党校高级班一个学员给胡耀邦写信，对《人民日报》刊登那样大的广告，而且把一个“叛逃者”尊之为“先生”表示愤慨。胡对此信作了批示，大意说：演奏会开了也就开了，还要这样“大肆宣扬，真是荒唐”！（末八个字给我留下深刻印象，这个记忆大概是比较准确的。）

第二天傅将离京赴沪。我见到他，他的情绪显然不太好。当晚，我一夜未睡，给耀邦同志写了一封很长的信（400字稿纸十几页，当不少于4000字），把我知道的有关傅聪的情况向他作了尽可能详尽的报告，并说；你对党校信件那个批示不妥，我听说之后十分不安。我想，你如果了解有关情况，就不会那样批示了。次日，我把信稿送给赵沨同志看（赵时任中央音乐学院院长，兼党委书记），他说：你信中材料是准确的，但是不要提耀邦批示，那是内部的东西，你何以知之？也不要去批评耀邦、你把那些话统统删掉罢。我说：不能删。据我所知，耀邦是可以批评的，而且是欢迎批评的。你甚至可以同他当面争论，面红耳赤，如果你的批评合乎事实，有道理，他不会生气，反而会高兴。那信我一字未删，中午12时半，

⑬ 1985年7月8日在上海再度采访朱人秀。

我骑自行车把它送到中南海东门，交给书记处一位秘书，并告诉他：这是一个“急件”，请求尽快送达。后来，书记处一位负责人告诉我，下午2点，胡一上班，就读了我写的那信，随即说：这件事要想个办法妥善处理。当天或次日，胡写了一段很长的批语。大意说：傅聪的出走，是情有可原的。出走之后，没有做损害祖国的事。他在国外刻苦钻研业务，回国演出、讲学受到欢迎。对他，要体谅，要爱护，要关心。他在国外生活的不甚富裕，回来演出、讲学，要给一点报酬。要派一个人去同他谈一谈，以表示社会主义祖国的母亲情怀。当然，出走毕竟不是一件好事，对他是一个污点，如果没有一个公开的态度，不能宣传他。

这个批件大概送到了文化部，我的信送出一两天或两三天后，一个晚上，周巍峙（时任代理文化部长），要秘书在电话里把胡的批示读给我听，并告诉我，已决定派吴祖强（时任音乐学院副院长）立即去上海见傅。后来，周巍峙同志以代理文化部长的身份请博聪吃了一顿饭，询问有何需要帮助之事。傅说，黄宾虹送给他父亲（傅雷）许多书画，他想带几幅去英国，但海关不准。周于是同外事部门联系，使傅得到了一个免检签证。

以后，我写的那封信，传到了人民日报社，王若水作了摘要，印了一期大字“内参”（《情况汇编》？）。不久，戈扬找我，说胡绩伟和韦君宜先后建议她向我约稿，要我把那信务必写成一篇文章，在《新观察》上发表。戈很热情（这是我们第一次见面），她说：“你的信写得好。只有党性很强的人才写得出这样的信。”我说：“我不是党员啊。”她说：“你该算是一个党外布尔什维克。”

可是，耀邦批示末尾说，如果傅不公开表示，不可宣传。这就难办了。我因此没有动笔。不久，发现一期英文《中国建设》，里头有篇傅聪访问记，其中傅有一段话，大意说：“四人帮”倒台不久，我忽然从收音机里听到李德伦指挥中央乐团演奏贝多芬《第五（“命运”）交响曲》，我忍不住泪流满面，感慨万千。这么多年来，朋友们留在国内，受了那么多苦，我却躲开了。我感到内疚……”我把这篇报道的中文稿送给戈扬，说：这可以算是一个“公开的态度”吧？于是我们把这份材料送至中宣部，附了一封短信，请示可否写文章。几个星期过去了，始终没有回音。戈扬说：没有说“不可以”，那就是“可以”。你写吧。我写了一篇《雪泥鸿爪话傅聪》，在《新观察》上发表了。这篇文章没有引起批评。我收到一些读者来信。一位素不相识的中学老师来信说：听说傅聪打算回国任教，你一定要劝劝他，还是像现在这样常来常往为好，千万不要回国定居。

我始终没有养成保存材料的好习惯。那封信的底稿、耀邦批示的追记稿（接到文化部秘书电话之后当即做了一个追记）、《新观察》文章和《中国建设》采访记，都早已找不到。这里写的全凭记忆，可能不尽准确——毕竟是整整20年前的故事了。时间过得多么快呀！真是可怕！但大意是不会错的。

李春光　二〇〇一年八月十五晨

李春光先生所回忆的情况，可以从我手头所保存的上海音乐学院办公室1981年3月6日所编的《上音简报（外事）》（内部油印文件）中，得到印证。

这一期外事简报，刊登了当时傅聪来沪时的陪同人员所写的汇报情况《傅聪第三次回到上海》，指出：

傅聪像父亲傅雷那样喜欢抽烟斗（叶永烈摄）

傅聪这次回到上海，同他接触的人一开始就感到他情绪不好。同上一次回来比较，有明显的差别，但是我们不知道原因何在。他几乎天天都问陪同：新华社有没有发消息，登没登广告。当问他明年是不是还回来时，他总是冷冷地回答："这就要看这儿的情况！这个问题又不在我。

显而易见，傅聪已经敏锐地发现当时国内媒体对他的冷漠。

傅聪的情绪不好，还有一个意外的不快：他在北京演出，就在登台之前，突然发现他的演出服——黑色燕尾服被"雅贼"偷了！据正在剧场看演出的作家白桦目击，"傅聪只好穿一件黑色套头羊毛衫出场"[14]不过，演出服被盗毕竟是小事。傅聪的好友、中央乐团指挥李德伦幽默地说："也许是小偷把燕尾服拿去做鞋面了！"随着一阵大笑，傅聪也就不介意了。然而，国内媒体出奇地对他保持沉默，却使他意识到这背后显然有原因！

在李春光的回忆文章中，由于"耀邦批示的追记稿"已经找不到，他只能回忆胡耀邦批示的大意。

1983年9月28日，由于文化部教育局外事处俞慧钧女士帮助，我在她那里见到了文化部"文教字（82）第1439号"文：《关于钢琴家傅聪回国演出和讲学的接待计划》。征得她的同意，我抄录了其中提到的胡耀邦批示的原文：

傅的出走情有可原。

出走后确实没有过损害党和国家的行为。

出走以来仍然怀念国家，忠于自己的艺术，治学态度很严谨。

要较充分地体现国家对这样一个艺术家的慈母心肠。

我曾在1980年台湾出版的《音乐和音响》杂志十月号上，看到这样的评论："傅聪从来没有发表过令中国大陆感到尴尬难堪的言论……"这句

⑭ 白桦，《傅聪印象》，1981年2月3日香港《新晚报》。

话出自台湾杂志之口，是难得的。连他们也不得不这样承认。

由于胡耀邦及时地对傅聪问题作出明确的批示，使得当时那种对于傅聪的“愤慨”的偏激情绪得以化解，也使傅聪的心情好转。

上海音乐学院办公室1981年3月6日所编的《上音简报（外事）》（内部油印文件）中，这么写及：

（1981年2月）24日晚八时多，中央音乐学院副院长吴祖强同志，受周巍峙副部长之托，专程来沪给他做工作。吴下飞机直接赶到音乐厅。音乐会结束后到后台祝贺。当夜吴祖强和傅聪回宾馆一直谈到十二时。吴祖强转达了部领导对他的问候，介绍了一些情况，解释了一些误会，对于在北京发生的一些事情，希望他能够谅解。当晚他整夜未睡。第二天告诉陪同说：这次回来到昨天为止，我心里很翻腾了一顿。之后又同他谈了几次。吴表示希望他明年带爱人、孩子一起回来。并且还在考虑给他安排一个固定的职务。这样，今后来去更方便一些。经过这几次谈话，傅聪的情绪有了明显的好转。

其实，吴祖强受周巍峙之托突然从北京赶到上海，就是为了贯彻胡耀邦对傅聪问题的批示。正是由于胡耀邦的批示，“傅聪的情绪有了明显的好转”。

傅聪终于“归队”

一波刚平，一波又起。1982年2月，又有人对礼遇傅聪表示“极其气愤”。

那就是吴祖强所说的，“考虑给他安排一个固定的职务。这样，今后来去更方便一些。”这“固定的职务”，便是中央音乐学院授予傅聪兼职教授。

消息传出，又引起尖锐的争论。这是因为当时与傅聪年纪相仿或者比傅聪年长而又是中央音乐学院科班出身的很多人，都还未能评上教授职称。就连副院长吴祖强本人，都还没有教授职称。何况傅聪又有那么一段特殊的经历。所以许多人反对授予傅聪兼职教授。

我在文化部教育局外事处俞慧钧女士那里，看到一封来自中央音乐学院的措辞非常尖刻的信，大意是说，傅聪“叛国”，反而成了中央音乐学院的兼职教授，我们在国内遭受“文革”苦难，却至今连副教授都不是。给傅聪授予兼职教授，将意味着提倡什么道路，树立什么榜样？！那封信甚至用“文革”式的语言，痛骂傅聪！

傅聪在京演出结束后，李德伦和吴祖强在机场送行（1982年冬）

应当说，这封信尽管言词激烈，但如实反映了中央音乐学院部分教师的困惑，反映了他们还没有走出“左”的阴影。

我在文化部教育局外事处，见到了胡乔木在1982年2月18日就此事写给胡耀邦、习仲勋的一封信：

仲勋同志并耀邦同志：

傅聪早就想回国（但长期定居一时可能还有困难，他的妻子是英国人），中央音乐学院曾提出请他担任兼职教授，以便有个名义在国内活动，但教育部坚决不同意，认为这将鼓励一些留学生叛逃。我的看法相反。最近出版的《傅雷家书》即是一有力的反证。傅雷的爱国爱党之心，溢于言表，读之令人感慨不已（傅雷夫妇在十年内乱期间双双被迫自杀）。请你们考虑。如同意请仲勋同志转呈教育部。

胡乔木 18/2

傅聪在京演出结束后，李德伦和吴祖强在机场送行（1982年冬）

翌日，中共中央总书记胡耀邦就胡乔木关于傅聪问题的信件，作了明确的批示。我在文化部教育局外事处见到胡耀邦1982年2月19日的批示手迹影印件，全文抄录：

应该欢迎这种特殊情况下出走者“归队”。

傅聪在中央音乐学院给学生上课（1982年12月）

1982年3月11日，胡耀邦又加了一句：

“欢迎归队”一语是毛主席在红军时期的著名政策。又及。

胡

由于胡耀邦两次就傅聪问题作了这样热情洋溢的批示，关于傅聪的争论也就迎刃而解。

吴祖强这么对笔者说[15]

1982年，我们中央音乐学院授予傅聪兼职教授证书，这件事在国外反响也很强烈。这是我们的知识分子政策的一种体现。

当然，傅聪是在特殊的家庭、特殊的情况下形成的特殊人物。有些问题，要根据当时的具体情况，作具体的分析。

1982年12月，应中央音乐学院的邀请，傅聪和妻子卓一龙以及次子凌云一起来到北京。卓一龙是三十二年来第一次返回祖国。她在北京举行了钢琴独奏音乐会。大儿子凌霄当时18岁。不久前，傅聪让他到北京学习中文。

1983年12月，傅聪和傅敏在北京傅敏家中谈笑风生。

1982年12月16日，中央音乐学院在该院小礼堂举行了仪式，吴祖强院长把兼职教授证书和一枚鲜红的校徽授给傅聪。

吴祖强在讲话中，称傅聪为“同志”。这对于听惯“傅聪先生”、

⑮ 1983年9月18日，在北京采访中央音乐学院院长吴祖强。

"Mr.Fou Tsong"而又蒙受过历史的误会的傅聪来说，倍觉亲切。

吴祖强刚刚说了第一句话："首先我要对傅聪同志四年来第五次应邀返回祖国进行演出和教学活动表示诚挚的欢迎……"

台下立即响起极其热烈的掌声。

傅聪非常激动，发表了即席讲话：

"我非常希望有一天能把'兼职'两个字拿掉。……我在国外也一直这么说的：'我是新中国的儿子。'我一直没有忘掉从前，是国家送我出去的。我想在过去像我父母那样的家庭背景，解放以前我家的经济环境，不一定有这样的机会。我永远也没有忘记这些。我这几年做的工作非常有限……音乐工作是很神圣的事业。我觉得把音乐当职业都不应该。我从来没有把音乐当成'饭碗'或者出风头搞名位的'工具'。"

在中央音乐学院授予傅聪兼职教授之后，1988年5月18日，上海音乐学院授予傅聪客座教授。傅聪在授职仪式上说自己是中国知识分子的一份子，希望"不要再发生让知识分子丧气的事情了"[16]。

1988年7月，傅聪的长子凌霄24岁，在美国普林斯敦大学毕业，傅聪专程赶去参加了他的毕业典礼。

傅聪说："他在美国这些年，我一次也没有去看过，欠了情。小的叫凌云，12岁，属龙的。凌云这个名字起的不理想，好像有点武侠小说的味道。要是我父亲在，一定会给他起个更雅一点的名字。这两个儿子，虽然都没有继承家庭的音乐传统，但乐感都很好。"

1995年，傅聪在香港举行六十岁寿辰音乐会。《九十年代》杂志记者周惠娟对傅聪进行专访[17]。那一回，傅聪这样论及毛泽东：

毛泽东的字很狂，很有气概。而且诗写得很好，"苍山如海，残阳如血"。了不起，了不起的大诗人……毛泽东很有宇宙感，心头高，理想大，当不成政治家就一定是大艺术家。他的《咏梅》——"待到山花烂漫时，她在丛中笑"，我看了很感动……

⑯ 1988年5月26日，上海《文学报》。

⑰ 1995年第四期《九十年代》。

一般人不大了解我，说我这人怎会这样的对毛泽东？我父母都是毛泽东的牺牲品，我自己也是毛泽东的牺牲品？一辈子做“放逐者”。国家之痛，杀父母之仇，可以说是家仇国恨。可是，唉！都是两回事情，一个人不能以个人的遭遇来判断事情，要有历史感，还要以抽象的宇宙、空间、时间与广度来衡量这人，而不是以一般世俗的眼光来看。

毛泽东向往的是纯洁的世界、高尚的国家，也希望人人跟他走……毛泽东永远不安于现状，他总认为停滞不对的，他有抱负有理想，这是他了不起的地方。

第十章　家书出版

傅雷夫妇在寓所校花园（1961年秋）

范用慧眼识《家书》

每一个人都有自己的父亲，每一个父亲都爱自己的孩子，可是，像傅雷那样严格、那样细致、那样富有原则性、倾注了那么多心血教育子女，却是世上不常有、不多见的父亲。

傅聪一直把父亲写给他的近200封信，当作最珍贵的遗产。这批信件由他保存在国外，红卫兵的“铁扫帚”无法企及，在大抄家中才幸免于难。

1966年傅雷去世之后，欧洲几家杂志社要求傅聪发表这批信，有个出版社多次向他表示愿出重金高价，他都拒绝了。

傅聪以为，这些家书具有永恒的价值，是一个很特殊的中国知识分子典型的见证。他不愿它成为国外任何一种政治势力利用的工具。

傅雷是上海人，又是上海作家，傅聪、傅敏出生在上海。然而，《傅雷家书》为什么不在上海出版呢？

《傅雷家书》的出版，经历了曲折的过程。当时上海一家社担任编辑室主任的金永华，是傅敏的老同学，也是笔者的老朋友。2004年9月9日，金永华接受笔者的采访，回忆了鲜为人知的内幕：

我与傅敏是高中同班同学。我们曾经一起在上海华东师大附中上学。

1979年4月，当时我正出差武汉，得知上海市文联和中国作协上海分会即将隆重举行“傅雷、朱梅馥追悼会”，为傅雷夫妇平反昭雪，就从武汉乘飞机赶回上海。

傅敏和傅聪都来了。我去看望傅敏。当时，傅聪的问题还没有完全解决。兄弟俩没有住宾馆，而是住在提篮桥附近的舅舅家。

傅敏告诉我，当时上海有关部门落实政策，退还给他一部分傅雷手稿。我在上海一家出版社做编辑工作，理所当然关心这些手稿，看看能否在上海出版。这样，傅敏把一包傅雷手稿交给我——那时候，复印机还不普及，傅敏交给我的是珍贵的傅雷原稿。

回家之后，我细细看了一下，那是傅雷的《世界美术名作二十讲》手稿，毛笔写的，小楷，字很漂亮，很端正。还有一些照片。另外，包里还有一封仅存的傅雷写给傅敏的信。傅雷写给傅敏的原本很多，但是在“文革”中傅敏在北京受到冲击，他万不得已忍痛烧掉了这些极其珍贵的信。

我读了那封仅存的傅雷写给傅敏的信，很受感动。我认为，傅雷的家信极有价值。正巧，追悼会之后，傅敏要去英国探亲。我想，傅雷写给傅聪的许多信件，由于存放在英国傅聪家中，不会受“文革”冲击，一定会完整保存。出于职业的敏感，我相信出版这些家书，会很有意义。我对傅敏说，你去英国，可以把你父亲的书信，复印一份回来，如果上海人民出版社能够出，我给你出；如果上海不能出，我可以介绍到香港三联那里出。当时傅敏没有吭声。

我参加了傅雷夫妇追悼会。

追悼会之后，傅敏去英国。他说，那包傅雷手稿由我全权处理。傅敏全权委托我处理傅雷手稿，一方面当然由于我们是老同学，另一方面他那时候从来没有与出版界打交道，而我正好是编辑，可以帮助他出版、发表傅雷手稿。

当时，我正创办《书林》杂志，选了傅雷《世界美术名作二十讲》手稿中关于蒙娜丽莎的一节，所以《书林》创刊号也就用蒙娜丽莎作封面。我原本想把傅雷《世界美术名作二十讲》一期期发下去，由于有人不同意，结果没有连载下去。

当时，我还把傅雷写给傅敏的那封信，发表在《青年一代》杂志上。那时候《青年一代》是上海发行量很大、影响很大的杂志，读者主要是青年。我把傅雷写给傅敏的信发表在《青年一代》上，这也可以说是最早发表的傅雷家书。

傅敏委托我的事，我都一一照办了。傅敏在英国期间，我把样书、稿费寄到上海中山公园附近傅敏亲属家中代转。

傅敏从英国回来之后，我还约他写过一篇关于回忆父亲对他的教育的文章，发表在《书林》杂志上。

上海的出版社未能出版《傅雷家书》的原因，是由于“文革”虽然结束，傅雷的平反文件虽然宣读，人们思想深处的极左思潮仍不时在作怪。

关于傅聪的争论，上海比北京更激烈。

我也有着同样的亲身经历。1983年8月，当时任上海《萌芽》杂志编辑的作家赵丽宏，约我写关于傅聪的报告文学。那篇报告文学已经安排在1983年第十二期《萌芽》杂志头条地位发表。就在这时候，形势陡然发生变化：“清理精神污染”开始了！

《萌芽》主编、上海作家协会副主席哈华，满头飞霜，是个大好人，但那一次次政治运动把他整怕了。在哈华脑子中，傅雷那“右派分子”、傅聪那“叛国分子”的影子并未去除。他担心这篇报告文学会出什么麻烦，提出要报审。他对我说：“叶永烈，你为什么不写点别的，偏偏写傅雷、傅聪这样‘麻烦’的人物？”

我强调中共中央总书记胡耀邦对傅聪问题作了批示。哈华说，他没有看到过！

毕竟主编说话算数。报告文学清样被送往上海主管宣传的部门审查。当时，《萌芽》杂志是在每月15日付印。13日、14日，《萌芽》杂志接连打电话向审查部门请示，都说“没有时间看”。这分明是在打“太极拳”！《萌芽》无法，只得临时抽下我那篇关于傅聪的报告文学——退稿！

我那篇关于傅聪的报告文学的命运，与《傅雷家书》一样，被外地一家刊物迅速以头条发表，在全国引起一连串的转载、摘载。就连上海《文学报》以及上海发行量甚众的《报刊文摘》，都摘载此文！人们笑话上海《萌芽》编辑部是“买了炮仗给人家去放”！

关于《傅雷家书》，傅敏则是这么回忆[①]：

1979年家兄回到上海参加先父的平反昭雪大会，这次楼适夷专程飞到上海，出席大会，会后，他和我们同机飞往北京，在飞机上，楼伯伯就提

① 傅敏致叶永烈，2004年9月9日。

出家信的问题，他认为是很有价值的东西，可以考虑发表。家兄就讲父母去世后，国外好几个出版商和记者都曾提出要出版这部分家信，甚至愿出高价，他都回绝了。他当时就觉得要出首先应该在国内出，更不能让人利用这批书信干一些有损于父母，乃至国家的事情来。1979年4月我到英国后，征得家兄的同意，由我开始选编。

1980年夏我从英国回来，一边教书，一边开始编家信。那年深秋，范用突然来访，当时我也不知道他是何许人也，就在我宿舍里交谈的，他是受楼伯伯的推荐，才来找我的。当时，就谈妥有三联出版此书，那时候，稿子还处于雏形阶段。以后几个月才有三联的老编辑秦人路直接跟我联系有关出版事宜。书稿形成后，大约是1981年的春夏之际，范用就给楼伯伯看稿子，同时请他写序，楼伯伯在一星期内，一气呵成的写下了这篇出名的序文。我记得，序文到我手上时，就某些问题，直接去了一趟承德，因为那时楼伯伯在那儿修养。

《傅雷家书》未在上海出版，落在北京一位独具慧眼的出版家手中，使傅雷倾注了全部心血的遗著得以与广大读者见面。

我见过这位个子瘦小的资深出版家，他就是北京三联书店总经理范用先生。

2003年5月22日，范用先生在回忆文章《〈傅雷家书〉的出版始末》中写道[②]：

两个多月前收到辽宁教育出版社新版《傅雷家书》。这本书三联书店版印过五版一百一十六万册，还不包括香港三联版。一本书如此受读者欢迎，畅销不衰，令人高兴。

大概1981年前后，我与楼适夷先生同去上海。旅途中闲谈，他告诉我傅雷先生情况，包括对傅聪、傅敏兄弟俩的教育培养，我很感动。

我知道傅雷是著名的翻译家，读他翻译的书，还是在抗战时期。那是在桂林，洪遒兄送我一本傅译罗曼·罗兰的《弥盖朗琪罗传》。接着我又

② 2003年5月22日《文汇读书周报》。

读了傅译《约翰·克里斯朵夫》，也是罗曼·罗兰的名著。这部四卷本的《约翰·克里斯朵夫》，是从桂林、衡阳、吉安、曲江四个地方的商务印书馆买齐全的，很不容易。读这部小说，不仅是文学上极大的享受，更重要的是，我深深受到人道主义思想的感染……读这部小说，也使我产生对译者傅雷先生敬仰之心。

听了适夷先生的介绍，我对傅雷与傅聪的通信产生极大的兴趣。正如适夷先生后来所写的："应该感谢当时的某位领导同志（石西民），在傅雷被划成'右派'之后，仍能得到一些关顾，允许他和身在海外并同样蒙受恶名的儿子保持经常通信关系。"这才有这部可贵的家书。不久，我从傅敏那里取得家书原件。阅读之后，一种强烈的愿望，驱使我一定要把它出版介绍给广大读者，让天下做父母的做儿女的都能一读。

然而，出版傅雷家书却遇到阻力。说受书者傅聪是"叛国"，说出版这部书是提倡走白专道路。傅聪本来就是在国外学习，何来叛国？至于提倡走白专道路，何谓白何谓红，谁也说不清。提倡专，有何不好？不仅现在，将来我们也还是要提倡专。专除了要具备天资，更多是靠勤奋与毅力。傅雷的教导，与傅聪的苦学苦练，在这方面作出了榜样，值得向世人介绍。

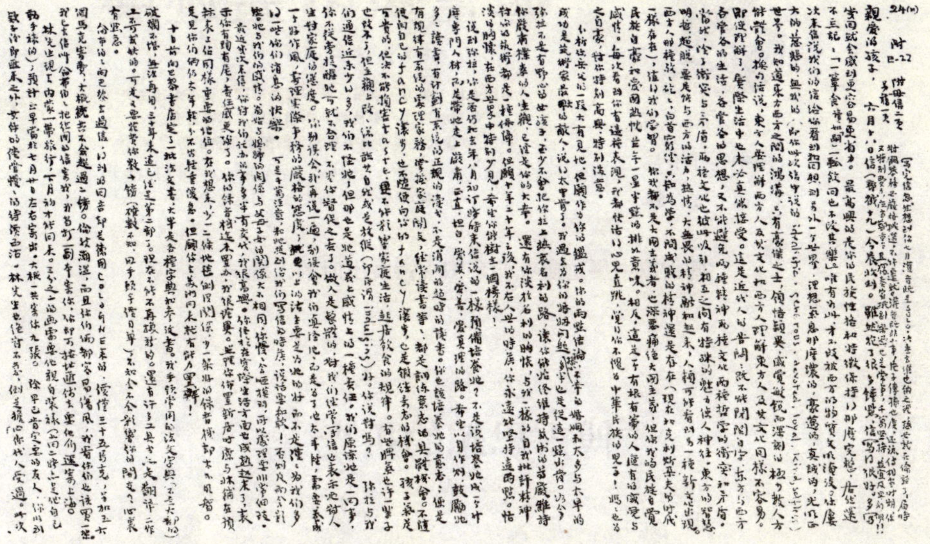

傅雷家书手迹（1961年6月26日夜）

幸好，当时我得到一份胡耀邦同志关于邀请傅聪回国讲学问题的批示……他回来演出，教学，要完全允许他来去自由；不要歧视，不要冷淡。据说他生活并不好，应根据他的工作给予应得的报酬，并可略为优厚。应指定专人对他做点工作，要较充分体现国家对这样一个艺术家慈母心肠……

1980年傅聪回到国内，在接受记者访问时，对自己过去的出走表示内疚。这可以看作是公开场合的表态。后来种种事实表明傅聪是一个爱国者。

这样，排除了阻力，《傅雷家书》终于在1981年8月出版。三联书店还在香港、北京、上海、举办傅雷家书手迹展，观众甚为踊跃。

如今，当《傅雷家书》受到广大读者的喜爱，应当为范用先生的贡献写上一笔。

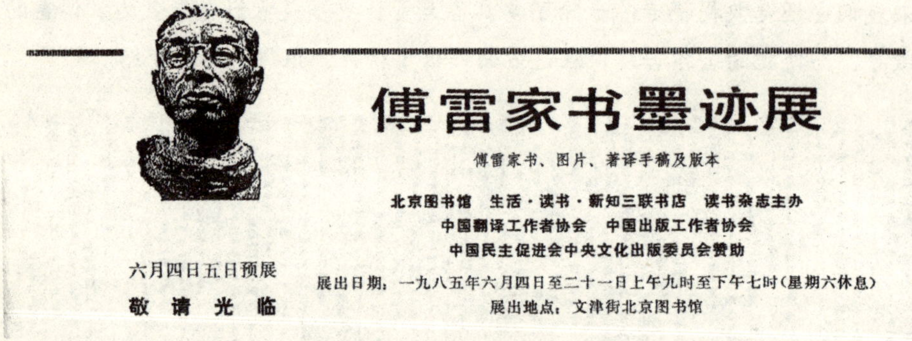

傅雷家书墨迹展在北京图书馆展出时的入场券

傅雷思想的折光

《傅雷家书》出版之后，在读者中引起强烈反响。一封封文辞优美、富有哲理的傅雷家书，在感动读者的同时，有人猜想，《傅雷家书》也许是傅雷写那些家书时，就准备出版用的。

2002年11月4日，傅聪在与陕西电视台“开坛”节目主持人的谈话中，予以明确、坚决的否认[3]：

我已经听很多人说，我父亲的信写得那么好，当年所以写下的这些家信，就是准备发表的。我觉得非常荒谬，怎么会这么去理解呢！他是个译笔非常好的译者，文笔非常好的作家，不能因此而说他是为发表而写的。他被打成右派后，译著都不能出版，谁会去发表他随手写的书信！我父亲是很刚正的一个人，他正式发表的东西，都很严谨，很理性，当然也有赞美贝多芬那种热情如火的文字，但绝少婆婆妈妈，舐犊情深，正式文字里绝对没有。给我的信里，他就任真情流露，不加克制。假如他是准备发表的，用字还要有分寸得多。所以我要借此机会特别声明：家书得以与公众见面，完全是历史的偶然。其中大部分书信，我弟弟1979年来伦敦，也是第一次看到，他爱不忍释，如对亲人……

正因为这样，胡乔木在1982年2月18日写给胡耀邦的那封信中，称赞《傅雷家书》：“傅雷的爱国爱党之心，溢于言表，读之令人感慨不已。”

1955年4月，傅雷在写给傅聪的信中，很清楚地谈到了他写作家书的目的：

长篇累牍的给你写信，不是空唠叨，不是莫名其妙的gossip，而是有好几种作用的。第一，我的确把你当作一个讨论艺术，讨论音乐的对手；第二，极想激出你一些青年人的感想，让我做父亲的得些新鲜养料，同时也可以间接传布给别的青年；第三，借通信训练你的——不但文笔，而尤其是你的思想；第四，我想时时刻刻，随处给你做个警钟，做面“忠实的镜

[3] 2002年11月4日，傅聪在与陕西电视台“开坛”节目主持人郭宇宽的谈话，傅敏整理。收入傅敏编：《傅聪：望七了！》，天津社会科学院出版社2004年版。

子”，不论在做人方面，在生活细节方面，在艺术修养方面，在演奏姿态方面。

傅雷力图要把傅聪培养成一个“德艺俱备、人格卓越的艺术家”。

傅聪的成长是与《傅雷家书》“同步”的。回溯傅聪走过的道路，可以更深入地理解傅雷的“教子篇”是怎样写出来的。

如同楼适夷在《傅雷家书》代序中所指出的：

“这是一部最好的艺术学徒修养读物，这也是一部充满着父爱的苦心孤诣、呕心沥血的教子篇。”

他的评价是非常恰如其分的。

每一个人都有自己的父亲，每一个父亲都爱自己的孩子；可是，像傅雷先生那样严格，那样细心，花费那么多心血教育子女的父亲，却是不多见的。

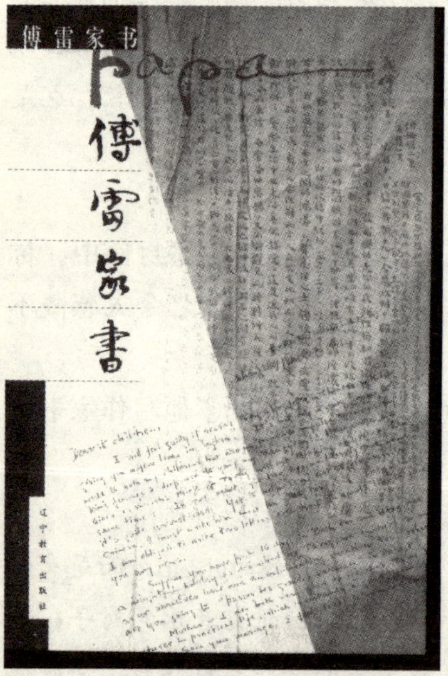

辽宁教育出版社新版（2003版）
《傅雷家书》封面

《傅雷家书》是一部很特殊的书。它是傅雷先生思想的折光。甚至可以说是傅雷先生毕生最重要的著作。因为他的数百万言的译著尽管精美，但毕竟是翻译，讲述的是外国作家对人生、对社会的看法，而《傅雷家书》却百分之百地体现了他的思想。

尤其是本来并不准备出版用的，是父亲给儿子写的一封又一封家信，是在纸上倾诉着对儿子的家常话，他无拘无束，心里怎么想的，笔下就怎么写。

正因为这样，《傅雷家书》如山间潺潺清溪，如碧空中舒卷的白云，如海上自由翱翔的海鸥，如无瑕的白璧，如透明的结晶体，感情是那样的纯真，那样的挚朴，没有半点虚假，用不着半点装腔作势。

《傅雷家书》是傅雷夫妇写给他们的两个孩子的信，它的意义，远远超过了家庭的范围： 哲学家可以从《傅雷家书》中研究傅雷的思想、哲理；

教育家可以从《傅雷家书》中研究教育方法；

人才学家可以从《傅雷家书》中研究人才成长的规律；

文学家可以从《傅雷家书》中研究散文笔法；

艺术家可以从中汲取音乐、美术的营养；

历史学家可以从《傅雷家书》中研究二十世纪五十年代至六十年代中国知识分子的心灵；

广大的读者则把《傅雷家书》作为一本思想修养读物——正因为这样，它被列入共青团中央向全国青年推荐的优秀读物之中。

在《傅雷家书》中，傅雷对子女的教育，可以概括为以下几个方面：

1. 爱国主义教育。这在前面已经谈到了。

2. 以艺术为生命，“富贵于我如浮云”，淡于名利的胸怀，做一个“德艺俱备、人格卓绝的艺术家”。

3. “功夫在音乐之外”，要努力扩大知识面。“青年人不会触类旁通，研究哪一门学问都难有成就”。正因为这样，他跟傅聪谈美术，谈文学，谈石刻拓片等等。

4. 谦虚、谨慎、细致、严格。“文章千古事，得失寸心知”。

5. 正确对待爱情，对待家庭，对待父亲及子女。

如今，傅聪、傅敏兄弟俩没有辜负父亲的期望。他们的今天，也可以说是傅雷家教的实践结果。

傅聪治学严谨，已经成为世界上一流的钢琴家。他热爱祖国，不断回国演出、教学。他说：

“全世界绝没有一个地方像中国这样，人情这么深厚!我爱我们的祖国，我爱这里的人民。我永远跟人民站在一起，他们太好了!我这个人永远不会成为大富翁，因为我不会‘钻’。但是我非常富有，因为我跟祖国、跟人民站在一起。”

傅敏一直兢兢业业于中学英语教学。他安心于平凡的工作。他在英国进修了一年，仍然回来了，仍然在中学教英语，直至退休。

在“历史垃圾”中发现傅聪的信

读《傅雷家书》，我常有一种遗憾感：书中只有傅雷写给傅聪的信，却不见傅聪写给傅雷的信。这本书成了“单行道”，缺乏父子间感情的交流。

细细一想，也就体谅了这种遗憾：傅雷致傅聪的函件，保存在英国伦敦傅聪家中，当年红卫兵的“铁扫帚”无法扫到那里，这才得以传世。傅聪寄给傅雷的信，保存在傅雷家中。“文革”中，傅雷夫妇连自身的性命都保不住，傅聪的信件当然早就被扫进“历史的垃圾堆”，无从寻觅。《傅雷家书》出增补本时，才收入傅聪的一封信。那封信因傅聪之母朱梅馥当时曾抄写一份寄香港友人，才保存下来。

唉，历史的遗憾，已经无法弥补……

事出意外，1986年5月从上海音乐学院传出消息：找到了一批傅聪的信件!

我赶到那里。听院党委介绍说，这些信件的发现者是该院工会副主席余学德，我便在工会办公室里寻访他[④]。

“踏破铁鞋无处觅，得来全不费功夫”。余学德说他的发现，纯属偶然。他领着我来到办公楼二楼，在院办公室斜对过，有一间四平方米的小屋，本来是放扫帚、拖把之类杂物的，“文革”中用来堆放小字报、传单、简报之类，一捆又一捆，塞得满满的。尽管院办公室里整天人来人往，谁也没注意一箭之遥紧锁着的小屋。直至前些日子，才终于决定着手整理一下。考虑到老余来院工作挺晚，跟院里的“文革”没有瓜葛，就请他负责清理小屋。他翻看了一捆捆五颜六色、又杂又乱的纸头，忽然翻到一包用黑纸裹着的东西。打开黑纸，里面有几本练习册，几张照片、

④ 1986年5月6日上午采访余学德于上海音乐学院。

几封信，上面写着的“傅雷”字样，引起他的注意——因为他读过《傅雷家书》，熟悉这一名字。他把材料当即交给党委。书记看了，说材料很宝贵，马上请老院长贺绿汀过目。贺老一看，叮嘱道：“好好保存，尽快妥交傅雷家属。”

原来，那几张照片，是傅雷照片；那几封信，是傅雷写给傅聪的信的底稿，《傅雷家书》中未曾收入；至于几本练习册，上面密密麻麻，全是傅雷夫人抄录的蝇头小字。天头上写着《聪儿家信摘录·学习经过(一)》、《聪儿家信·学习经过(二)》、《聪儿家信摘录·音乐讨论(一)》。 关于这几本练习册，《傅雷家书》中曾提及过。1955年4月21日傅雷致傅聪信中，有这样一段：“你那封信在我们是有历史意义的，在我替你编录的‘学习经过’和‘国外音乐报道’(这是我把你的信分成的类别，用两个簿子抄下来的)，是极重要的材料……”——《傅雷家书》编著为这段话加了注解：“这批材料‘文革’中抄家失散。”然而，如今在上海音乐学院废纸堆中找到的练习本，正是那几册珍贵的簿子!

征得傅敏的同意，我把这些练习本全部复印。

在灯下，我细细阅读着复印件。我钦佩傅雷夫妇的精细、认真：他们分类摘录了傅聪自1954年8月1日起至1957年5月20日止从波兰寄来的39封信。每一段摘录的话，前面加小标题，写明主要内容，末尾注明写信日期、地点及信件编号。信是傅雷夫人亲笔抄的，端端正正，一笔不苟!天下父母没有不爱子女的，而对子女教育如此注重，如此细心，却是天下少见的。

这几本本子是傅雷夫妇用满腔的爱子之情倾铸而成的。这几本练习本，混杂在傅家的大批抄家物资中，用卡车运到了上海音乐学院……

这几本练习本的发现，使《傅雷家书》终成完整，读者日后可从新版中看到傅雷父子当年的感情交流。当然，倘若今后能够发现傅聪来信的原件，更会使人欣慰。

傅敏曾给我来信，要我代为转告上海音乐学院：

“请追查先父遗失之文稿，最重要的《猫儿打球号》手稿和《高老头》序言。

“请追寻先父关于翻译问题的《万言书》。我记得家里存有油印件(也许是铅印件)，因为是当年会议的文件。”

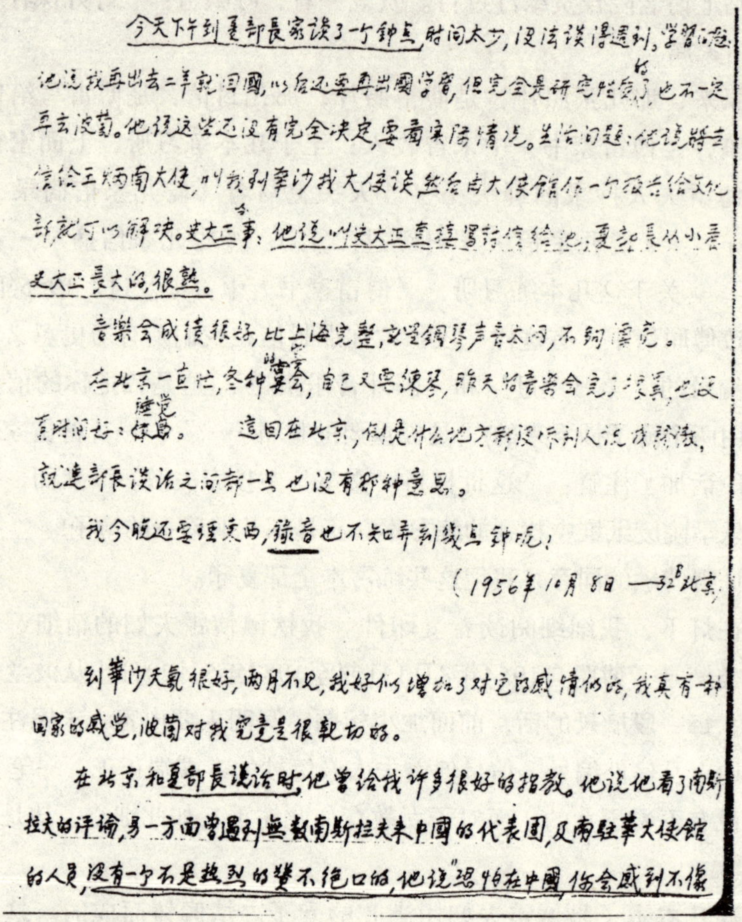
今天下午到夏部長家谈了一个钟点，时间太少，没法谈得透彻，学習问题他说我再出去二年就回國，以后还要再出國学習，但完全是研究性质的，也不一定再去波蘭。他说这些还没有完全决定，要看实际情况。生活问题：他说将去信给王炳南大使，叫我到華沙找大使谈，然后由大使館作一个报告给文化部就可以解决。史大正事：他说叫史大正直接写封信给他；夏部長从小看史大正長大的，很熟。

音樂会成绩很好，比上海完整，就是鋼琴声音太闷，不够漂亮。

在北京一直忙，各种宴会，自己又要練琴，昨天的音樂会完了以后，也没有时间好好睡觉。 这回在北京，倒是什么地方都没听到人说成就，就是部長谈话之间都一点也没有那种意思。

我今晚还要理东西，録音也不知弄到几点钟呢！

（1956年10月8日——32[B]北京）

到華沙天氣很好，兩月不見，我好似增加了对它的感情似的，我真有一种回家的感觉，波蘭对我究竟是很親切的。

在北京和夏部長谈话时，他曾给我许多很好的指教。他说他看了南斯拉夫的评论，另一方面曾遇到無数南斯拉夫来中國的代表团，及南驻華大使館的人员，没有一个不是热烈的赞不绝口的，他说“恐怕在中國，你会感到不像

1986年5月，在上海音乐学院楼梯的杂货间里，发现红卫兵当年从傅雷抄家时抄来的黑皮本：《聪儿家信摘录·学习经过（一）》、《聪儿家信摘录·学习经过（二）》、《聪儿加信摘录·音乐讨论（一）》。作者复印全文。这是其中一页，系傅雷夫人用端端正正的蝇头小字分类抄录的傅聪来信。

他提到的《猫儿打球号》是傅雷先生生前所译的最后一部小说，系巴尔扎克所著。虽然傅雷先生晚年因白内障而两眼昏花，仍坚持把这部长篇小说精心译出，并作过四次修改，最后誊清。不幸，全部手稿在抄家中不

知去向。如能在另一个被人们遗忘的角落找到这些手稿，那将是一笔珍贵的文化遗产。

逝者远去，家书永存。《傅雷家书》是一座建在纸上的傅雷纪念馆，是留在千千万万读者心中的记忆。

傅雷摄影作品